사서장도
은괄총요

四書章圖
檃栝總要

【하】

사서장도 은괄총요【하】

四書章圖 檃栝總要 下

1판 1쇄 인쇄 2018년 8월 29일
1판 1쇄 발행 2018년 8월 31일

—

저 자 | 정복심
역 자 | 전병욱
발행인 | 이방원

—

발행처 | 세창출판사
신고번호 · 제300-1990-63호 | 주소 · 서울 서대문구 경기대로 88 냉천빌딩 4층
전화 · 02-723-8660 | 팩스 · 02-720-4579
http://www.sechangpub.co.kr | e-mail: edit@sechangpub.co.kr

—

ISBN 978-89-8411-773-0 94140
978-89-8411-748-8 (세트)

—

· 이 책은 한국연구재단의 지원으로 세창출판사가 출판, 유통합니다.(세트)
· 잘못된 책은 구입하신 서점에서 바꾸어 드립니다.
· 책값은 뒤표지에 있습니다.

—

이 도서의 국립중앙도서관 출판시도서목록(CIP)은 e-CIP홈페이지(http://www.nl.go.kr/ecip)와
국가자료공동목록시스템(http://www.nl.go.kr/kolisnet)에서 이용하실 수 있습니다.(CIP제어번호: CIP2018026959)

—

이 번역서는 2014년 정부(교육부)의 재원으로 한국연구재단의 지원을 받아 수행된 연구임(NRF-2014S1A5A7038218).
This work was supported by the National Research Foundation of Korea Grant funded by the Korean Government (NRF-2014S1A5A7038218).

사서장도은괄총요

四書章圖檃栝總要

The Translation and Annotation of

“The Diagrammed Chapters of the Four Books”

【하】

정복심程復心 저

전병욱 역

세창출판사

【역자의 말】

이 책은 조선시대의 학자들에게 흔히 『사서장도四書章圖』로 불린 『사서장도은괄총요四書章圖檃栝總要』를 번역한 것이다. 『사서장도』는 주자의 『사서집주』를 그림으로 해석한 저작으로서 원나라의 학자 정복심이 지은 것이다.

정복심程復心(1255-1340)은 자字가 자견子見이고 호號는 임은林隱이며 1255년에 지금의 중국中國 강서성江西省 무원婺源에서 출생하여 줄곧 그곳에서 활동하였다. 무원은 송대宋代에 휘주徽州(지금 안휘성의 대부분)에 속하였고 휘주는 엄주嚴州(절강성의 서부 지역)와 함께 진晉나라 시기에 신안新安으로 불렸다. 이 무원은 파양호鄱陽湖의 서쪽 지역으로서 주자의 본적지로 주자 당시에 제자가 배출되었고 주자학의 주요 근거지 백록동서원白鹿洞書院에서 멀지 않다. 그래서 정복심이 성장하는 시기에 무원에는 여러 주자학파가 공존하고 있었다. 주자의 제자인 동수董銖·정단몽程端蒙·황간黃榦에게서 두루 배운 동몽정董夢程이 강서성 덕흥德興에서 학파를 형성하여 무원까지 세를 확장하면서 이 지역에서 심귀보沈貴珤·허월경許月卿·주홍범朱洪範 등이 배출되었다. 이들은 1279년 남송이 완전히 멸망한 뒤에도 원元나라 정권에 협조하지 않고 주자학에 종사하였다. 정민정程敏政의 『신안문헌지新安文獻志』에 실린 전기문에는 정복심이 주홍범(호는 소옹小翁)의 제자로 소개되어 있는데, 그의 친구였던 운봉雲峰 호병문胡炳文(1250-1333)의 부친이 바로 주홍범의 문인이었으므로 정복심은 주홍범의 만년 제자인 셈이다. 그리고 『사서장도』에 인용된 면면을 통해 정복심이 심귀보와 허월경의 영향을 많이 받았음을 확인할 수 있다.

정복심은 20세경부터 주자의 『사서집주四書集註』의 각 장에 담긴 요지를 도식으로 그려 『사서장도四書章圖』(뒷날 정복심의 저작 전체를 지칭하는 『사서장도은괄총요四書章圖』와는 다른 의미이다. 아래도 동일)를 저술하기 시작하였고, 이어서 조순손趙順孫의 『사서찬소四書纂疏』를 토대로 『사서집주』에 대한 새로운 주석서인 『사서찬석四書纂釋』을 제자인 왕약홍汪若虹 등과 함께 완성한 뒤에 1302년에 서문을 지었다.

1308년에 원나라 무종武宗이 등극하여 유교를 중시하면서 조여호趙與虎라는 학자가 항주로杭州路의 유학儒學[1]에 정복심의 이 『사서장도』와 『사서찬석』을 추천하였기 때문에 항주로 유학이 상급기관인 강절등처 유학제거사江浙等處 儒學提擧司[2]에 보고하고 강절등처 유학제거사는 이것을 상급기관인 강절등처 행중서성江浙等處 行中書省에 보고하였다. 1310년경에는 당시에 명망이 높았던 방회方回와 장몽해臧夢解가 정복심의 저작에 대한 추천서를 썼고 이를 토대로 송강부松江府의 지사知事[3]가 그것을 강절등처 유학제거사에 추천했다. 그러다 1311년에는 인종仁宗이 즉위하여 인재를 선발하라는 칙령을 내렸기 때문에 강절등처 행중서성은 정복심의 저작을 중서성에 보고하였으며, 중서성은 예부禮部에 보내 검토하게 하였고 예부는 검토 작업을 한림국사원翰林國史院에 맡겼다. 그리고 1312년에는 집현원 학사集賢院 學士인 조맹부趙孟頫도 한림국사원에 정복심을 추천하였다. 1313년 정월 말에 한림국사원의 검토 결과를 보고받은 예부가 중서성에 보고하였고, 이즈음 정복심도 무원을 떠나 연경燕京으로 향했다. 같은 해 7월에는 중서성이 한림국사원의 평가를 토대로 정복심을 무원로婺源路 유학의 교수教授에 제수하였고 연경에 도착한 정복심은 교수 직함으로 퇴직하여 귀향하기로 선택하고서는 당시 명사들로부터 서문을 받았다.

정복심은 귀향한 뒤에 친척 등 좁은 범위 안에서 교육활동을 하였던 것으로 보이며, 무원婺源의 호병문胡炳文과 이웃 지역인 휴녕休寧의 진력陳櫟이 각각 『사서통四書通』과 『사서발명四書發明』을 저술하는 과정에서 서로 의견을 교환할 때 정복심은 거기에 참여하지 않았고 그의 저작은 두 사람에게 전혀 언급되지 않았다.

정복심의 저작이 언제 처음 출판되었는지는 명확하지 않은데 그의 생전인 1337년에 복건성福建省 건양建陽의 부사富沙에 있던 덕신서당德新書堂에서 출간되었다. 이 판본은 정복심의 『사서장도』와 『사서찬석』을 통합하여, 『사서집주』의 각 장마다 도식과 주석을 붙인 『사서장도찬식四書章圖纂釋』과, 『사서집주』의 어느 한 장에 포함시키기 어렵거나 통합적인 부분 등을 하나로 묶은 『사서장도은괄총요四

書章圖槩栝總要』로 구성되어 있다. 현재 남아 있는 덕신서당본은 판본 상태가 좋지 않은데 일본의 노무라 아츠시野邨溫가 1804년 교정하여 필사한 판본에 따르면『사서장도은괄총요』상·중·하권에 수록된 내용은 다음과 같다.

상권의 첫 부분에는 정복심을 조정에 추천하고 교수직에 제수하는 과정에 있었던 공문서들이 수록되어 있고, 그다음에는 서문과 시들이 수록되어 있다. 그다음부터가 정복심이 지은 글들인데, 먼저 정복심의 서문이 있고 그다음에는 범례와 함께 보편적 독서법,『사서』를 읽는 법,『사서집주』를 읽는 법 등이 수록되어 있으며, 그다음에는 도통道統과 관련된 계보가 소개되어 있다. 그다음이『사서장도』의 본문이라고 할 수 있는데, 주염계周濂溪의『태극도설太極圖說』과 관련된 일련의 그림들과 글들이 대부분을 차지하고 그다음에는 장횡거張橫渠의「서명西銘」과「동명東銘」에 대한 그림들과 글들이 수록되어 있다.

중권에는『사서四書』의 핵심적인 개념에 대한 분석을 담고 있다.『논어論語』→『맹자孟子』→『대학大學』→『중용中庸』의 순서로 구성되어 있는데『논어』와 관련해서는 심心·성性·인仁·의義·충서忠恕·지행知行·사잠四箴·박문약례博文約禮 등에 대해 설명하고『맹자』와 관련해서는 진심盡心·부동심不動心·성性·사단四端·천天 등에 대해 설명하였으며,『대학』과 관련하여서는 명덕明德·신민新民·치지격물致知格物·성의誠意 등에 대해 설명한 뒤『대학』과『중용』의 이동異同에 대해 다루었고『중용』에 대해서는 중용中庸·비은費隱·인심도심人心道心·귀신鬼神·성性·도道·교敎·중화中和·천도인도天道人道 등에 대해 설명하였다.

하권에는 명물제도名物制度와 관련된 부분으로 북극北極·팔일八佾·체禘·협祫·오묘소목五廟昭穆·사직단社稷壇·명당위明堂位·정전제井田制·왕기王畿·향사鄕射·향음주鄕飮酒 등에 대해 설명하는 내용을 담고 있다.

진력陳櫟의 제자 예사의倪士毅가 1337년에 편찬하여 1384년에 출간한『사서집석四書輯釋』은 호병문의『사서통』과 진력의『사서발명』을 절충하여 만든 것인데, 이 책에는 정복심의 저작이 전혀 언급되어 있지 않다. 그런데 뒷날 정복심의 "사서장도四書章圖" 부분을 가려 뽑아서 거기에 예사의의『사서집석』과 왕원선王元善의『사서통고四書通攷』를 결합하여 만든『중간사서집석重刊四書輯釋』이 출간되었다. 그리고『영락대전永樂大典』이나『성리대전性理大全』에도 곳곳에『사서장도』(정복심의 저작을 통칭한 것이다. 아래도 마찬가지이다.)가 수록되어 있는 것을 보면 이 책이 뒷날까지도 중시되었음을 알 수 있다. 또한 주이존朱彛尊(1629-1709)의『경의고經義考』에『사서장도』가 여러 명사들의 서문들과 함께 소개되어 있는 것을 보면 이 책이 후대까지 전해졌음을 알 수 있다. 하지만 현재 덕신서당본은 중국과 한국에는 남아 있지 않고 일본 국립공문서관國立公文書館과 궁내청宮內廳 서릉부書陵部에 소장되어 있으며 그와 별도로 위에 언급한 교정본이 전해지고 있다.

조선의 경우, 양촌陽村 권근權近의 제자로서 대사성을 지낸 김반金泮은 양촌의『입학도설入學圖說』에 보설補說을 붙이면서『사서장도』(1337년에 출간된 정복심의 전체 저작인 것으로 보인다. 아래도 동일)를 활용하였다. 그 뒤 청송聽松 성수침成守琛(1493-1564)의 제자가 어렵게 『사서장도』를 구해서 청송에게 소개하였는데 청송은 도학道學 공부를 하는 사람은 굳이 이 책에 의존할 필요가 없다고 내쳤다. 조선철학사에서 『사서장도』(『사서장도은괄총요』 3권을 의미한다. 아래도 동일)가 크게 주목받기 시작한 것은 1565년 퇴계가 이 책을 입수하면서부터이다. 자신의 사단칠정설四端七情論을 뒷받침해 줄 논거들을 찾던 퇴계는 『사서장도』에 수록된 「논심통성정도論心統性情圖」에 주목하였고, 정복심의 사람됨과 함께 『사서장도』를 높이 평가하여 출판하려고 하였다. 마침 조정에서도 이 책을 주목하여 출판하게 되었는데, 윤근수尹近壽(1537-1616)는 명明나라 학자 설선薛瑄이 『독서록讀書錄』에서 『사서장도』의 지나친 분석적 설명이나 기氣에 대한 과도한 논의를 문제 삼았던 것을 근거로 선조宣祖에게 『사서장도』를 중시하지 말도록 청하였고 고봉高峰 기대승奇大升도 같은 입장을 취하였다. 그런 탓인지 남명南冥 조식曺植의 『학기도學記圖』와 퇴계의 『성학십도聖學十圖』에 『사서장도』의 내용이 다수 수록되는 등 일시적으로 큰 주목을 받기는 하였지만 임진왜란 이후로 『사서장도』는 조선학계에서 거의 자취를 감추게 되었다. 이렇게 퇴계학의 주요한 논거가 되었던 서적이 망실됨으로써 퇴계 철학의 연원을 연구하는 데 있어서도 큰 제약이 있었다.

주자학의 발전사에서 볼 때 남송南宋 말기부터 원대元代 초기는 주자의 3전 제자나 4전 제자들이 주자의 학술에 대한 성숙한 이해를 바탕으로 체계적인 설명을 시도한 시기이다. 원대의 학술과 관련하여 그동안 흔히 정치적 영향력이나 전국적 명성과 관련하여 허형

許衡이나 오징吳澄을 주목하였지만, 실제로 주자학의 심화라는 측면에서 본다면 무원을 비롯한 신안新安 지역의 학자들에 대한 연구가 더욱 활성화될 필요가 있다. 명나라 영락永樂 연간에 편찬되어 한국과 중국의 표준 교과서가 된 『사서대전四書大全』이 바로 원대 신안 지역의 학술적 성과인 예사의의 『사서집석』을 저본으로 삼았다는 것이 하나의 실례이다. 그리고 『사서장도은괄총요』는 성리학의 기초적인 개념과 명제에 대한 설명을 집중적으로 수록하고 있어 『성리대전性理大全』에 큰 영향을 미쳤다. 이 책에 대한 번역은 주자학의 심화, 원대의 학술, 조선 초기의 학술, 퇴계학의 연원을 연구하는 데 있어 도움이 없지 않으리라고 본다.

이 책을 국내에 처음으로 소개한 것은 고려대학교 철학과의 이승환 교수이다. 일본 국립공문서관國立公文書館 도서관에서 찾아내어 사진으로 담아 온 과정에 대해서는 그의 저작 『횡설과 수설』에 잘 묘사되어 있다. 번역하는 과정에서 많은 도움을 주신 이승환 선생님께 감사드린다. 이 책을 출판하는 데 도움을 준 한국연구재단과 세창출판사에게도 감사드린다.

2018년 3월 중국 江西省 南昌大學에서

전병욱 씀

---

1 유학을 교육의 주요 내용으로 삼은 학교이다.

2 강절등처는 지금의 江蘇省·浙江省·安徽省 등을 포괄하는 지역이고, 유학제거사는 지역 내 학교인 儒學을 관장하는 기구로서 바로 이해, 1308년에 설치되었다.

3 송강부는 지금의 上海 지역을 포괄하는 행정구역이고, 지사는 하급관리이다.

사서장도총목四書章圖總目

강절성의 자문江浙省咨

예부의 보고서禮部呈

상서성 예방의 보고서省禮房呈

고위관료의 서문과 시朝貴序製

범례凡例

총요상권總要上卷

67조목凡六十七條 · 그림25개圖二十有五

총요중권總要中卷

40조목凡四十條 · 그림50개圖五十

총요하권總要下卷

53조목凡五十三條 · 그림48개圖四十有八*

대학구문찬석大學句問纂釋

경1장 전10장凡經一章傳十章 · 그림23개圖二十有三

중용구문찬석中庸句問纂釋

33장凡三十三章 · 그림44개圖四十有四

논어주문찬석論語注問纂釋

20편凡二十篇 · 그림395개圖三百九十有五

맹자주문찬석孟子注問纂釋

상하14편上下凡十四篇 · 그림111개圖一百一十有一

총목 끝總目 畢

* 여기까지가 이른바 '은괄총요檃括總要'이다. 이 번역본의 번역 범위이다. 이하의 번역은 다음을 기약한다.

하권 차 례

사서장도은괄총요 권하 四書章圖檃栝總要 卷之下

일러두기

1. 번역의 저본으로는 일본 국립공문서관(National Archives of Japan)에 수록되어 있는 판본을 사용하였다.
   - 四書章圖纂釋 檃栝總要 上中(https://www.digital.archives.go.jp/DAS/meta/listPhoto?LANG=default&BID=F1000000000000094384&ID=M2012112920034756716&TYPE=&NO=)
   - 四書章圖纂釋 檃栝總要 下(https://www.digital.archives.go.jp/DAS/meta/listPhoto?LANG=default&BID=F1000000000000094384&ID=M2012112920042956717&TYPE=&NO=)
2. 그 외에 상기 도서관의 다음 판본을 참고하였다.
   - 四書章圖檃栝總要 1(https://www.digital.archives.go.jp/DAS/meta/listPhoto?LANG=default&BID=F1000000000000094385&ID=M2015090311304509883&TYPE=&NO=)
   - 四書章圖檃栝總要 2(https://www.digital.archives.go.jp/DAS/meta/listPhoto?LANG=default&BID=F1000000000000094385&ID=M2015090311305509884&TYPE=&NO=)
   - 四書章圖檃栝總要 3(https://www.digital.archives.go.jp/DAS/meta/listPhoto?LANG=default&BID=F1000000000000094385&ID=M2015090311310409885&TYPE=&NO=)
3. 리(理) 등 일부 개념어에 대해서는 두음법칙을 적용하지 않았다.
4. 고유명사나 개념어는 필요한 경우 한글발음에 한자어를 병기하는 방식으로 파기하였다.
5. 번역본의 이미지는 1337년에 출판된 덕신서당본(일러두기 1.의 판본)을 사용하되 편집은 일본학자 野郕溫의 교정본을 근거로 조정하였다.

사서장도은괄총요 권하

四書章圖檃栝總要 卷之下

임은 정복심 자견이 바침

林隱 程復心 子見 經進

四書章圖隱括總要卷下

新安林隱程復心子見經進

北極

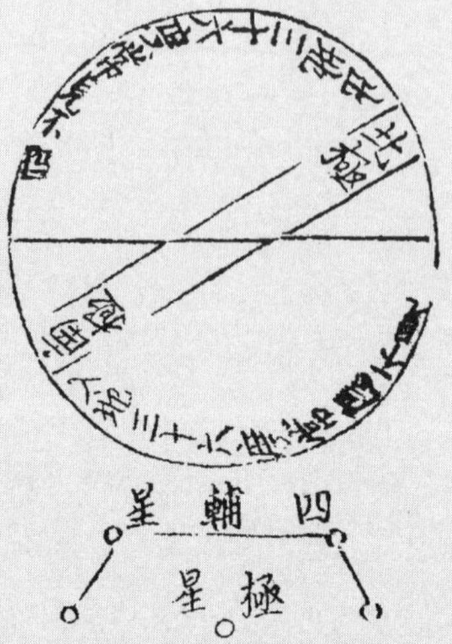

晉天文志北極五星在紫微宮中北極乃北辰最尊者也其紐星乃天之樞天運無窮三光迭照而極星不移故孔子曰居其所而衆星共之抱北極左右四星曰四輔所以輔佐北極而出度授政也○朱語錄曰北辰是那中間無星處些子不動是天之樞紐北辰無星緣人要取此為極不可無个記認所以旁取一小星為極星也

北極圖說

北辰北極也天半覆地上半繞地下南北兩端樞紐不動則謂之極猶戶常動而兩頭樞紐常不動則謂之極南極低入

북극도설
北極圖說

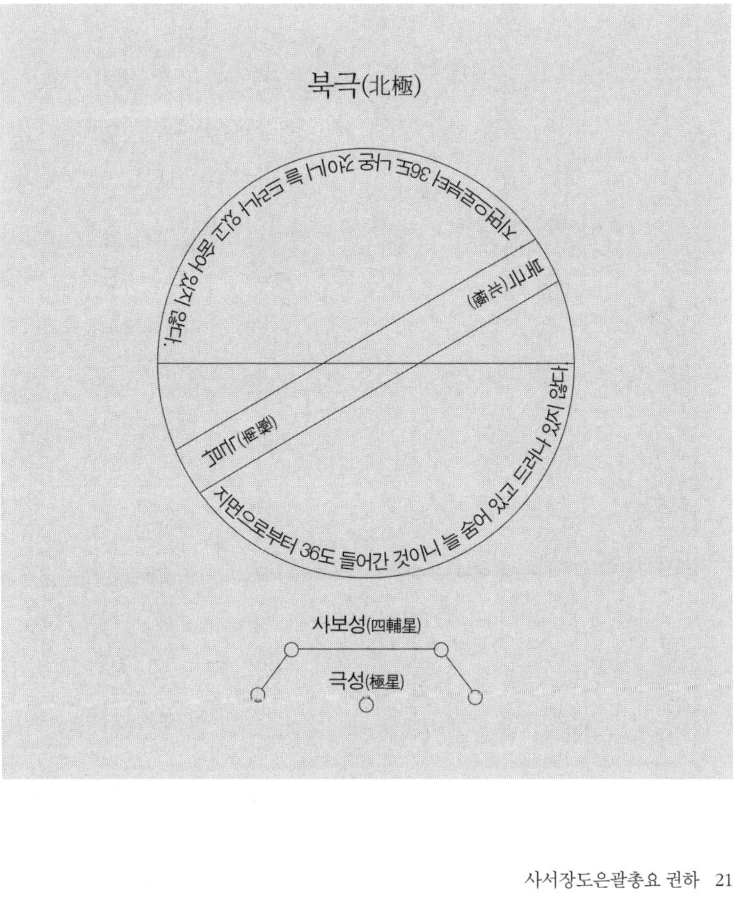
북극(北極)
지면으로부터 36도 나온 것이니 늘 드러나 있고 숨어 있지 않다.
북극(北極)
남극(南極)
지면으로부터 36도 들어간 것이니 늘 숨어 있고 드러나 있지 않다.
사보성(四輔星)
극성(極星)

地三十六度常隱不現北極出地三十六度常現不隱朱子註問及語錄詳矣其地蓋本無星故曰北辰若北斗則星也豈可名曰辰邵子曰地無石之處皆土也天無星之處皆辰也於此可見北辰非北斗之所在地上七十二度之中北辰在此而二十八宿經星左旋日月五緯右轉常環向其兩旁故曰共蓋即子路共之之共也北辰不動而星自共以譬爲政以德者無爲而人自從中庸所謂不言而信不動而化不賞而民勸不怒而民威於鈇鉞范氏云所處者至靜而能制動所守者至簡而能御繁蓋眞妙體孔子之意者也不然秦人法令如牛毛每日衡石以程書爲政非不嚴且密也而民日以叛張子曰爲政不以德則勞而人不附豈不信哉○二世紀云天下之事無大小皆決於上至以衡石石百二十斤量書日夜有程不中程者不得休息

『晉』「天文志」: "北極五星在紫微宮中。北極乃北辰最尊者也。其紐[1]星乃天之樞。天運無窮, 三光迭耀, 而極星不移。故孔子曰 : '居其所而衆星共之。' 抱北極四星曰四輔, 所以輔佐北極而出度授政也。"[2]

『진서晉書』「천문지天文志」에, "북극北極의 오성五星은 자미궁紫微宮에 있다. 북극은 북신北辰[3]에서 가장 존귀한 것이다. 그 뉴성紐星(주성)은 곧 하늘의 중추이다. 천체의 운행은 무궁하여 삼광三光(해, 달, 별)이 번갈아 빛나는데 극성極星은 움직이지 않는다. 그래서 공자께서 '그 자리에 머물고 있으며 여러 별들이 그것을 중심으로 돈다'라고 하였다. 북극을 싸고 있는 네 별은 사보四輔라고 하니, 북극을 보좌하여 북극에서 4도씩 나와 있고, 북극이 정사政事를 맡기는 존재이다."라고 하였다.

○『朱語錄』: "北辰是那中間無星處, 些子不動, 是天之樞紐。北辰無星, 緣人要取此爲極, 不可無個記認, 所以旁取一小星謂之極星也。"[4]

○『주자어록朱子語錄』에 이르기를, "북신北辰은 그 중간의 별이 없는 곳으로, 거기는 조금도 움직이지 않는데 이것이 하늘의 중추이

四書章圖

隱括總要

다. 북신은 별이 없는데 사람들이 굳이 이것을 극極으로 삼자니 표시로 삼을 것이 없을 수 없어 옆의 한 작은 별을 가리켜 '극성極星'이라고 부르는 것이다."라고 하였다.

北辰, 北極也。天半覆地上, 半統地下, 南北兩端, 樞紐不動, 則謂之極。猶戶常動而兩頭樞紐常不動, 則謂之極。南極低入地三十六度, 常隱不現 ; 北極出地三十六度, 常現不隱。朱子『註』、『問』、『語錄』詳矣。其地蓋本無星。故曰 : "北辰若北斗, 則星也, 豈可名曰辰?" 邵子曰 : "地無石之處皆土也。天無星之處皆辰也。" 於此可見北辰非北斗之所在。地上七十二度之中, 北辰在此, 而二十八宿經星左旋, 日月五緯右轉, 常環向其兩旁。故曰 "共", 蓋即"子路共之" 之共也。北辰不動而星自共, 以譬爲政以德者無爲而人自從。『中庸』所謂 "不言而信, 不動而化, 不賞而民勸, 不怒而民威於鈇鉞"。范氏曰 : "所處者至靜而能制動, 所守者至簡而能制繁。" 蓋眞妙體孔子之意者也。不然, 秦人法令如牛毛, 每日衡石以程書, 爲政非不嚴且密也, 而民日以叛。張子曰 : "爲政不以德, 則勞而人不附。" 豈不信哉!

북신北辰은 북극이다. 하늘은 반이 땅 위를 덮고 있고 반이 땅 아래를 둘러싸고 있다. 남북의 양 끝은 추뉴樞紐(문의 지도리)로서 움직이지 않으니 그것을 '극極'이라고 한다.[5] 마치 문은 늘 움직이는데 양쪽의 지도리는 늘 움직이지 않아서 극極이라고 부르는 것과 같다. 남극은 땅의 아래쪽으로 36도 들어가서 늘 숨어있고 드러나 있지 않으며, 북극은 땅의 위쪽으로 36도 나와서 늘 드러나 있고 숨어 있지 않다.[6] 주자의 『논어집주論語集註』[7]·『논어혹문論語或問』[8]·『주자어록朱子語錄』[9]에 상세하게 나온다. 그곳에는 대개 별이 없다. 그래서 "북신이 만약 북두北斗라면 그것은 별인데 어떻게 신辰이라고 부를 수 있는가."라고 하였다. (신辰의 의미에 대해서는) 소자邵子(소옹邵雍)가, "땅에서 돌이 없는 곳은 모두 흙이다. 하늘에서 별이 없는 곳은 모두 신辰이다."라고 하였다. 이를 통해서 북신이 북두가 있는 곳이 아니라는 것을 알 수 있다. 땅 위 72도의 가운데는 북신이 바로 여기에 있는데 28수宿의 경성經星은 왼쪽으로 회전하고 일월日月과 오위五緯[10]는 오른쪽으로 회전하되 늘 빙 둘러 그 양 곁으로 향한다. 그래서 '공共'이라고 한 것이니, '자로子路가 두 팔로 에워 붙잡으려고[共] 하였다'[11]라고 할 때의 그 '공共'이다. 북신은 움직이지 않고 별들이 스스로 떠받들고 있는 것이니, 이것으로 정사를 펼칠 때 덕을 위주로 하면 하는 일이 없어도 남들이 스스로 따르는 것을 비유한 것이다. 『중용中庸』의 이른바 "말하지 않아도 믿음이 서고, 움직이지 않아도 교화되며, 상을 주지 않아도 백성이 권장되며, 노하지 않아도 극형의 장비를 펼쳐 놓았을 때보다 백성이 더 위엄을 느낀다."라고 한 것에 해당한다. 범씨范氏(범조우范祖禹)가 말하기를, "처하는 방식은 지극히 고요하지만 움직이는 것을 제어할 수 있고, 지키는 것은 지극히 간략하지만 번잡한 것을 제어할 수 있다."라고 하였는데,[12] 공자의 의도를 정말 절묘하게 표현한 것이라 하겠다. 그렇지 않다면, 진秦나라의 법령은 소털처럼 많아서 날마다 한 섬 두 섬 달아서 문서의 분량을 잴 정도였으니 정사를 펼치는 것이 엄격하고 정밀하지 않은 것이 아니었지만 백성들이 날마다 반란을 일으켰다. 장자張子(장재張載)가 말하기를, "정사를 펼칠 때 덕을 위주로 하지 않으면 힘만 들고 사람들이 붙지 않는다."라고 하였는데, 어찌 확실하지 그렇지 않겠는가!

○『二世紀』云: "天下之事, 無大小皆決於上, 至以衡石〈石百二十斤〉量書。日夜有程, 不中程者, 不得休息。"[13]

○『사기史記』「이세본기二世本紀」에 이르기를, "천하의 일은 크든 작든 모두 군주에 의해 결정되어서, 심지어 섬(섬은 120근이다)으로 달아서 문서량을 확인할 정도였다. 밤낮으로 분량이 정해져 있어서 분량에 차지 않으면 쉴 수가 없었다."라고 하였다.

八佾舞位

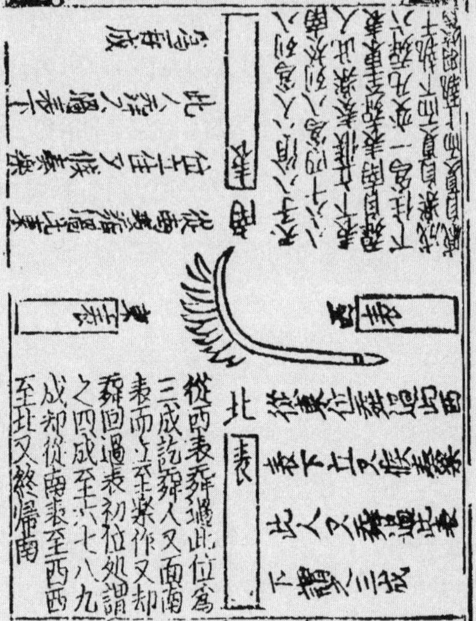

孔子謂季氏八佾舞於庭朱子曰佾舞列也天子八諸侯六大夫四士二每佾人數如其佾數或曰每佾八人未詳孰是如其佾數則天子八八六十四人諸侯三十六人大夫十六人士四人也每佾八人則天子六十四人諸侯四十八人大夫三十二人士十六人也

此係武舞表位圖詳見記注

팔일의 춤추는 자리

八佾舞位

남쪽 표(表)

천자는 여덟 일(佾)[14]이고 여덟 사람이 한 열(列)이다. 8 곱하기 8로서 64명이니 여덟 열이다. 남쪽 표 아래에 서서 음악이 연주되기를 기다린다. 이 사람이 남쪽 표에서 춤을 추기 시작하여 동쪽 표 아래서 멈추는 것이 하나의 변(變, 변화)이다. 모든 춤은 여섯 성악(成樂)[15]으로 되어 있는데 모두 위에서 아래까지는 간척(干戚)을 잡고, 아래에서 위까지는 우약(羽籥)을 잡는다.[16]

동쪽 표(表)

남쪽 표로부터 춤을 추며 옮겨 와서 이 동쪽 자리를 지날 때 서서 멈추고, 또 음악이 연주되기를 기다린다. 이 사람의 춤이 또 이 표 아래를 지나는 것을 재성(再成, 두 번째 악장)이라고 부른다.

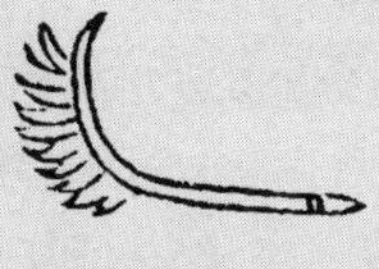

서쪽 표(表)

동쪽 자리부터 춤을 추며 옮겨 와서 이곳 서쪽 표 아래에 서서는 또 음악이 연주되기를 기다린다. 이 사람이 또 춤을 추기 시작하여 이 표 아래로 지나가는 것을 3성(成)이라고 부른다.

북쪽 표(表)

서쪽 표로부터 춤을 추며 옮겨 와서 이 자리를 지나가면 3성(成)이 끝난다. 춤추는 사람이 또 남쪽 표를 마주하고 서 있다가 음악이 연주되면 또 춤을 추며 돌아와 표의 처음 자리를 지나가는 것을 4성(成)이라고 한다. 6, 7, 8, 9성(成)에 이르러 남쪽 표로부터 서쪽까지 가고, 서쪽으로부터 북쪽으로 가고 또 마지막에 남쪽으로 돌아간다.

사서장도 은팔총요

孔子謂季氏八佾舞於庭。朱子曰“佾, 舞列也。天子八, 諸侯六, 大夫四, 士二。每佾人數, 如其佾數。或曰‘每佾八人’。未詳孰是。” 如其佾數則天子八八六十四人, 諸侯三十六人, 大夫十六人, 士四人也。每佾八人則天子六十四人, 諸侯四十八人, 大夫三十二人, 士十六人也。

此系『武舞表位圖』。詳見『記注』。

공자孔子가 '계씨季氏가 팔일八佾로 자기 집 뜰에서 춤을 추게 하였다'라고 하였는데, 주자朱子가 말하기를, "일佾이란 춤의 대열이다. 천자는 여덟, 제후는 여섯, 대부는 넷, 사士는 둘이다. 각 일佾마다 사람 수는 그 일佾의 수와 같았다. 어떤 이는 '일佾마다 여덟 명이다'라고 하는데, 누가 맞는지 아직 잘 모르겠다."라고 하였다.[17] 만일 그 일佾의 수대로라면 천자는 8 곱하기 8하여 64명이고, 제후는 36명, 대부는 16명, 사는 4인이고, 일마다 8명이라면 천자는 64명, 제후는 48명, 대부는 32명, 사는 16명이다.

이것은『무무표위도武舞表位圖』이다.[18]

상세한 것은『예기주禮記注』에 보인다.[19]

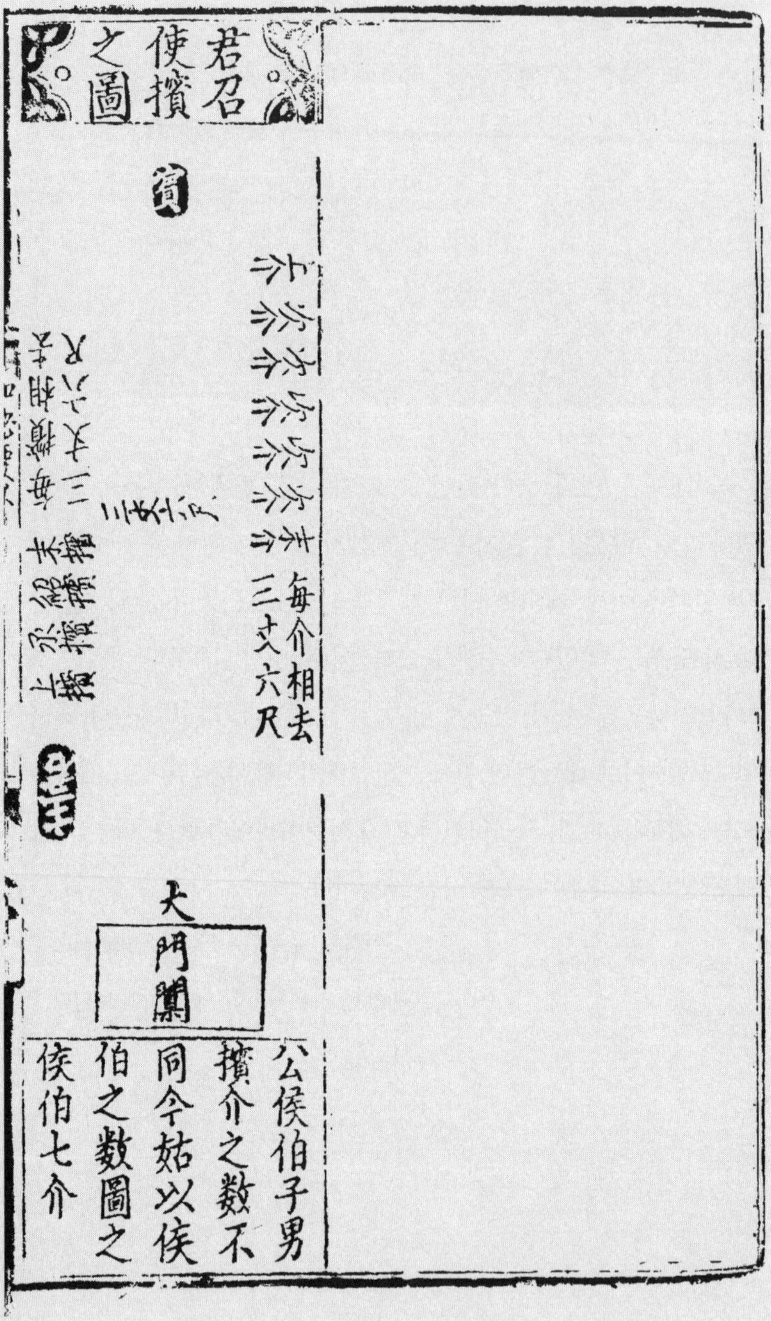
君召使擯之圖
賓
介介介介介介介
每介相去三丈六尺
上擯 承擯 紹擯 末擯
每擯相去三丈六尺
三丈六尺
主
大門闑
公侯伯子男擯介之數不同今姑以侯伯之數圖之侯伯七介

군주가 불러 빈을 맡겼을 때[20]의 그림

君召使擯之圖

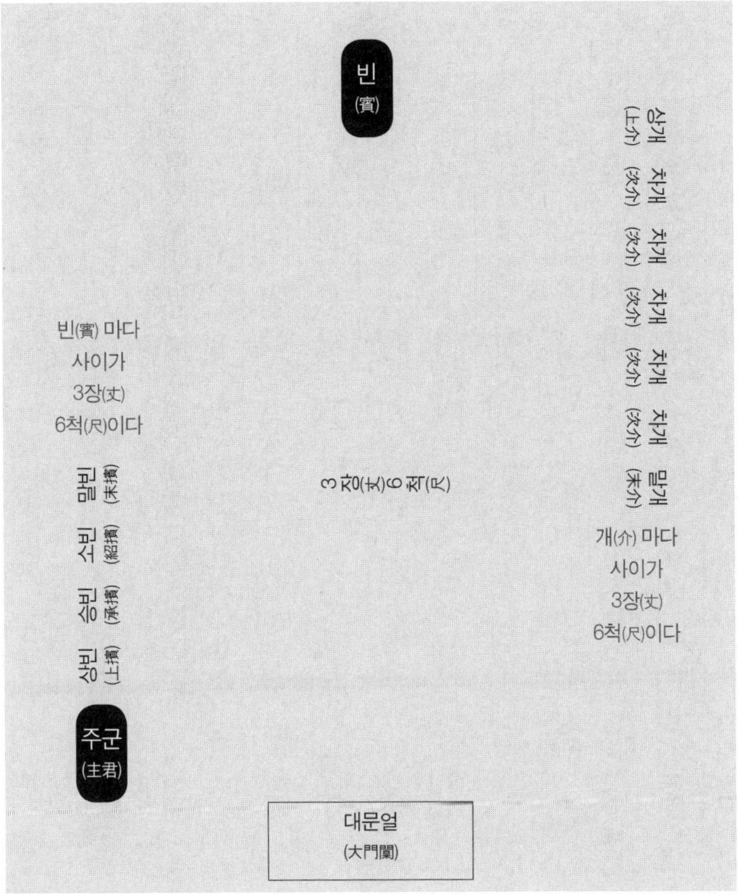

朱子集註擯用命數之半以次傳命○此諸侯朝聘之時主人接賓之禮也周禮大行人曰凡諸侯之邦交歲相問也殷相聘也世相朝也注云殷相聘者謂於殷朝之及而相聘也蓋周制五服諸侯每十二年而衆見於天子謂之殷見所謂殷見曰同是也諸侯之於與國亦於是年行聘禮故曰殷相聘是聘禮十二年一講也然聘義又云比年一小聘三年一大聘比年小聘卽歲相問三年大聘卻與殷相聘之說異未知何故鄭注聘禮云大聘使卿小聘使大夫若君自朝則上公九介侯伯七介子男五介各隨其命數如大行人之文使卿行聘則其上公七介侯伯五介子男三介各下其君二等如聘義之說行禮之日賓次于大門外主人使擯者出而請事卿爲上擯大夫爲承擯士爲紹擯主國之君公則擯者五人侯伯四人子男三人各用其命數之強半所以不用命數

公、侯、伯、子、男, 擯、介之數不同。今姑以侯、伯之數圖之。侯、伯七介。

공·후·백·자·남은 빈擯과 개介의 수가 같지 않다.[21] 지금은 우선 후侯와 백伯의 수로 그림을 그렸다. 후와 백은 7개介이다.

朱子『集註』: "擯用命數之半, 以次傳命。"

주자朱子의 『논어집주論語集註』에 말하기를, "빈擯은 명수命數의 반을 사용하며, 순서대로 명을 전달하게 한다."라고 하였다.

○ 此諸侯朝聘之時, 主人接賓之禮也。『周禮』「大行人」曰: "凡諸侯之邦交, 歲相問也, 殷相聘也, 世相朝也。" 注云: "'殷相聘' 者, 謂於殷朝之及而相聘也。"蓋周制五服諸侯每十二年而衆見於天子, 謂之殷見。所謂 "殷見曰同", 是也。諸侯之於與國, 亦於是年行聘禮。故曰殷相聘。是聘禮, 十二年一講也。然『聘義』又云: "比年一小聘, 三年一大聘。" 比年一小聘即歲相問, 三年一大聘卻與殷相聘之說異。未知何故? 鄭注『聘禮』云: "大聘使卿, 小聘使大夫。" 君自朝則上公九介, 侯、伯七介,之至者禮下於賓以示謙也若其傳命之制則賓立於庫門之外(庫門即大門也)賓直闑西北面介者以次立於賓之西北東面每介相去三丈六尺主君出接立於庫門之外直闑東南面擯者以次立於君之東南西面每擯亦相去三丈六尺其末擯與末介相對東西相去亦三丈六尺主君命上擯請事於賓請事者問其所以來之故也蓋雖知其來朝不敢自許其朝已恐其或爲他事而來所以示謙也上擯受君之命而傳之承擯逆迎傳至末擯末擯傳之末介末介以次繼傳上至于賓賓命上介復命復以次傳達於主君然後主君進而迎賓以入擯介從之君卿大夫來聘則主君不親出接但命上賓出而請事其請事也上擯與賓俱進立於末擯末介之間一問一答上擯入白於君乃(相揖)與入君自限內迎之雖有擯介而不以次傳命下於君也

子、男五介, 各隨其命數。如「大行人」之文, 使卿行聘則其上公七介, 侯、伯五介, 子、男三介, 各下其君二等 ; 如『聘義』之說, 行禮之日, 賓次於大門外, 主人使擯者出而請事, 卿爲上擯, 大夫爲承擯, 士爲紹擯。主國之君公則擯者五人, 侯、伯四人, 子、男三人, 各用其命數之強半。所以不用命數之全者, 禮下於賓以示謙也。若其傳命之制則賓立於庫門之外 〈庫門, 大門也〉, 賓直闑西, 北面。介者以次立於賓之西北, 東面。每介相去三丈六尺。主君出接, 立於庫門之外, 直闑東, 南面。擯者以次立於君之東南, 西面。每擯亦相去三丈六尺。其末擯與末介相對東西, 相去亦三丈六尺。主君命上擯請事於賓。請事者, 問其所以來之故也。蓋雖知其來朝, 不敢自許其朝己, 恐其或爲他事所以示謙也。上擯受君之命, 而傳之承擯, 迤邐傳之末介, 末介以次繼傳, 上至於賓。賓命上介復命, 復以次傳達於主君。然後主君進而迎賓以入, 擯介從之。若卿大夫來聘, 則主君不親出接, 但命上賓出而請事。其請事也, 上擯與賓俱進, 立於末擯、末介之間。一問一答, 上擯入白於君, 乃相與入。君自限內迎之。雖有擯介而不以次傳命, 下於君也。

○ 이것은 제후諸侯가 조빙朝聘[22]을 할 때 주인인 군주가 손님으로 사람을 맞이하는 예법이다. 『주례周禮』「대행인大行人」에 이르기를, "무릇 제후의 나라가 교류하는 것은 해마다 문안을 하고 '은殷에 빙聘을 하고', 한 세대만에 조회한다"라고 하였는데, 그 『주注』

에 "'은殷에 빙聘을 한다'라는 것은 '은조殷朝'[23]를 할 때 불러 만나본다는[聘]는 뜻이다."라고 하였다.[24] 대개 주周나라 제도에 오복五服[25]의 제후는 매 12년에 한번 천자를 함께 만나는데 이것을 '은견殷見'[26]이라고 한다. 이른바 '은견殷見을 동同이라고 한다'는 말이 이것이다. 제후가 대등한 나라에 대해서는 또한 이해에 빙례聘禮를 행한다. 그래서 '은조를 할 때 방문한다'라고 한다. 그렇다면 빙례는 12년에 한번 행하는 것이다. 그러나 『예기禮記』「빙의聘義」에서는 또 "해마다 한번 작은 빙례를 행하고, 3년에 한번 큰 빙례를 행한다"라고 하였다. 해마다 한번 작은 빙례를 행하는 것이라면 '해마다 문안하는' 것이고, 3년에 한번 큰 빙례를 행하는 것이라면 '은조를 할 때 방문한다'라는 설명과 다르다. 왜 그런 것인가? 정현鄭玄이 『의례儀禮』「빙례聘禮」에 "큰 빙례에는 경卿을 보내고, 작은 빙례에는 대부를 보낸다."라는 주석을 달았다. 군주 자신이 조회할 때 상공上公은 9개介, 후백侯伯은 7개介, 자남子男은 5개介를 대동하는데 각각 그 명수命數[27]에 따르는 것이다. 「대행인大行人」의 글대로 경을 보내 빙례를 행하면 상공上公은 7개介, 후백은 5개, 자남은 3개이니 각각 그 군주보다 두 등급을 낮춘다. 「빙의聘義」의 설명대로 빙례를 행하는 날에 손님이 대문 밖에 도착하면 주인이 빈擯인 사람에게 나가서 무슨 일인지 묻게 하는데, 경이 상빈上擯이 되고 대부가 승빈承擯이 되며 사士가 소빈紹擯이 된다. 주인 국가의 군주가 공公이면 빈擯은 5명이고, 후백이면 4인이며, 자남이면 3명이니 각각 그 명수의 과반수를 쓴다. 명수의 전체를 쓰지 않는 까닭은 손님보다 예를 낮추어서 겸양을 표시하기 위해서이다.

명을 전달하는 규정에 대해 설명하자면, 손님은 고문庫門(고문은 대문이다) 밖에 서 있는데, 손님은 문의 말뚝 서쪽 가운데에서 북면北面하고, 개介인 사람이 차례로 빈의 서북쪽에 서서 동면東面한다. 개介마다 거리는 그 3장丈 6척尺이다. 주인인 군주가 나가서 영접할 때는 고문庫門 밖에 서는데 문의 말뚝 동쪽 가운데에서 남면한다. 빈擯인 사람이 차례로 군주의 동남에 서서 서면西面한다. 빈擯마다 또한 거리가 3장 6척이다. 그 말빈末擯과 말개末介가 서로 동쪽과 서쪽에서 마주하는데 거리가 또한 3장 6척이다. 주인인 군주가 상빈上擯에게 명하여 손님에게 무슨 일인지 청하게 한다. '무슨 일인지 청한다'라는 것은 온 까닭이 무엇인지 묻는다는 뜻이다. 대개 비록 그가 조회하러 온 것임을 알지만 자기를 조회하러 왔다고 감히 자신하지 않고 혹여 다른 일로 온 것인지 모른다고 여기는 태도이니 겸양을 보이는 방식이다. 상빈上擯이 군주의 명을 받아 승빈에게 전하고 차례차례 지나서 말개에게 전하면 말개는 차례대로 이어서 전하여 위로 손님에게까지 이른다. 손님은 상개上介로 하여금 복명復命하게 하면 다시 차례로 주인인 군주에게 전달한다. 그런 뒤에 주인인 군주가 나아가 손님을 맞이하여 들어가고 빈擯과 개介가 따라간다. 만약 경·대부가 방문해 오면 주인인 군주가 친히 나가서 맞이하지 않고 단지 상빈에게 명하여 나가서 무슨 일인지 청하게 한다. 그 청할 때는 상빈이 손님과 함게 나아가서 말빈과 말개 사이에 선다. 한번 묻고 한번 대답하고서 상빈이 들어가 군주에게 아뢴 뒤에 함께 들어간다. 군주는 한내限內에서 맞이한다. 비록 빈과 개가 있더라도 차례로 명을 전하게 하지 않으니, 군주보다 낮게 하는 것이다.

○立不中門之圖

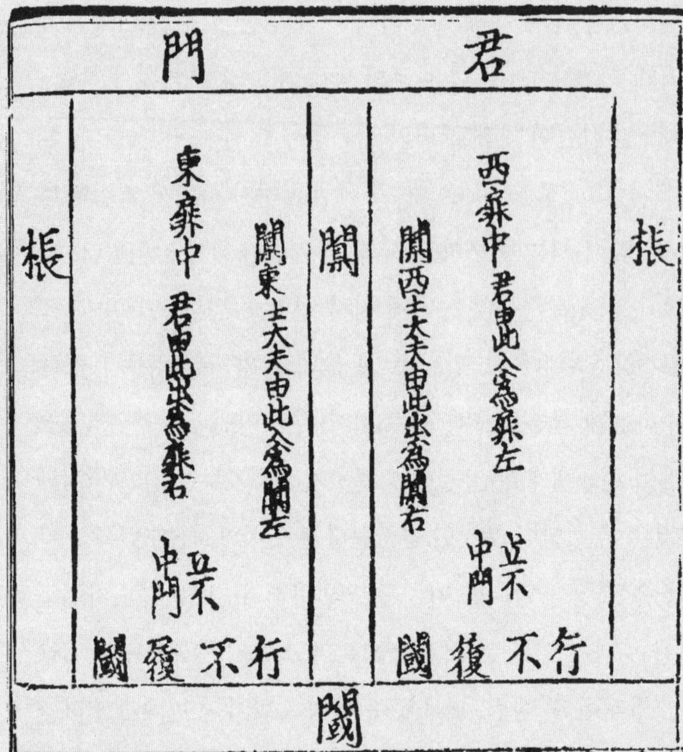

朱子曰中門中於門也謂當棖闑之間君出入處也䟽門有闑兩旁有棖中門謂棖闑之間棖是大門兩旁之木如今壁尺相似闑是中間兩扉相合之處又有一木常設而不動東西兩扉各有中君出入皆由左出則以東扉爲左入則以西扉爲左士大夫出入君門則皆由右出則以闑西爲右入則以闑東爲右然雖由右亦不敢正當棖闑之中則但挨闑旁而行蓋避君出入處也行時既不敢當中則立時亦不可當中故立不中門也立不中門行不履閾皆主於敬而已

설 때 문 가운데에서 차지하지 않는 것에 대한 그림

立不中門之圖

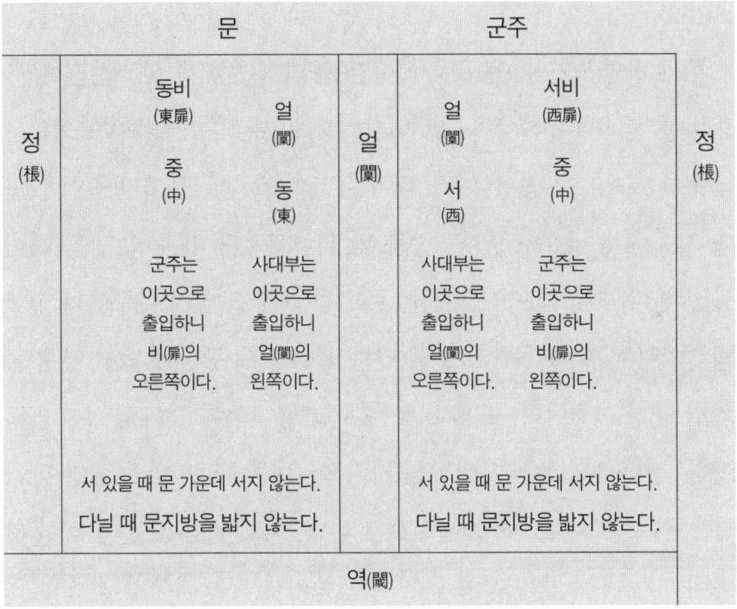

朱子曰："中門, 中於門也。謂當棖闑之間, 君出入處也。"『疏』："門有闑, 兩旁有棖。中門謂棖闑之間。" 棖是大門兩旁之木, 如今壁尺相似。闑是中間兩扉相合之處。又有一木常設而不動, 東西兩扉各有中, 君出入則皆由左, 出則以東扉爲左, 入則以西扉爲左。士大夫出入君門, 則皆由右：出以闑西爲右, 入以闑東爲右。然雖由右, 亦不敢正當棖闑之中, 但挨闑旁而行。盖避君出入處也。行時既不敢當中, 則立時亦不可當中, 故立不中門也。立不中門, 行不履閾, 皆主於敬而已。

주자가 말하기를, "중문中門[28]이란 '문의 가운데를 차지하는 것'을 의미한다. 문설주와 문의 말뚝 사이를 차지한다는 말이니, 이곳은 군주가 드나드는 곳이다."[29] 『예기주소禮記註疏』에 "문에 말뚝이 있고 그 양쪽에 문설주가 있다. '중문中門'이란 문설주와 문의 말뚝 사이를 말한다."라고 하였다.[30] 문설주[棖]는 대문 양옆의 나무이니 지금의 '벽척壁尺'과 비슷하다. 문의 말뚝[闑]은 문의 중간에 있고 양편 문짝이 닫히는 곳이니, 또 나무 하나가 늘 설치되어 있어 움직이지 않는다. 동쪽과 서쪽의 문짝에는 각각 '가운데'에 해당하는 공간이 있다. 군주는 드나들 때 늘 왼편으로 간다. 나갈 때는 동쪽 문짝이 왼쪽이고 들어갈 때는 서쪽 문짝이 왼쪽이다. 사·대부가 군주의 문에 드나들 때는 전부 오른쪽으로 간다. 나갈 때는 문의 말뚝 서쪽이 오른쪽이고 들어갈 때는 문의 말뚝 동쪽이 오른쪽이다. 하지만 비록 오른쪽으로 가지만 또한 감히 문설주와 문의 말뚝 가운데를 차지하지는 않으니 단지 문의 말뚝 쪽으로 붙어서 간다. 대개 군주가 드나드는 곳을 피하기 위해서이다.[31] 다닐 때 이미 감히 가운데를 차지하지 않는다면 설 때도 가운데를 차지할 수 없기 때문에 설 때 문의 가운데에 하지 않는다. 설 때 문의 가운데에 하지 않는 것이나, 다닐 때 문지방을 밟지 않는 것은 모두 경敬을 위주로 하는 것일 뿐이다.

爲方矩器之圖

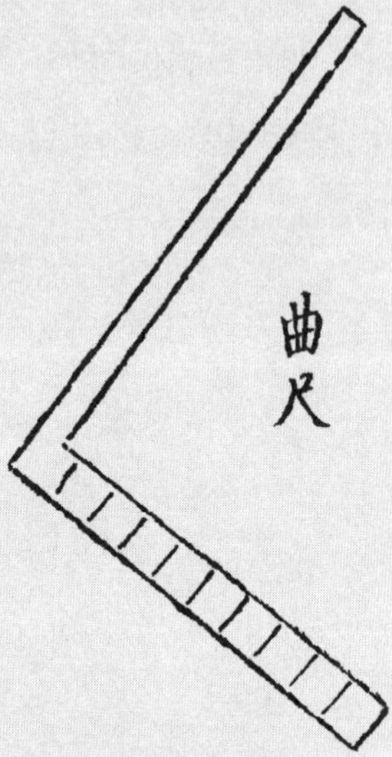

朱子曰絜度也矩所以爲方者也蓋製方之器如今之匠人所謂曲尺者是也天下之爲方器者必以此爲則焉絜矩即以此曲尺量度他物使上下四旁長短廣狹彼此如一無不合也

네모를 그리는 곱자에 대한 그림
爲方矩器之圖

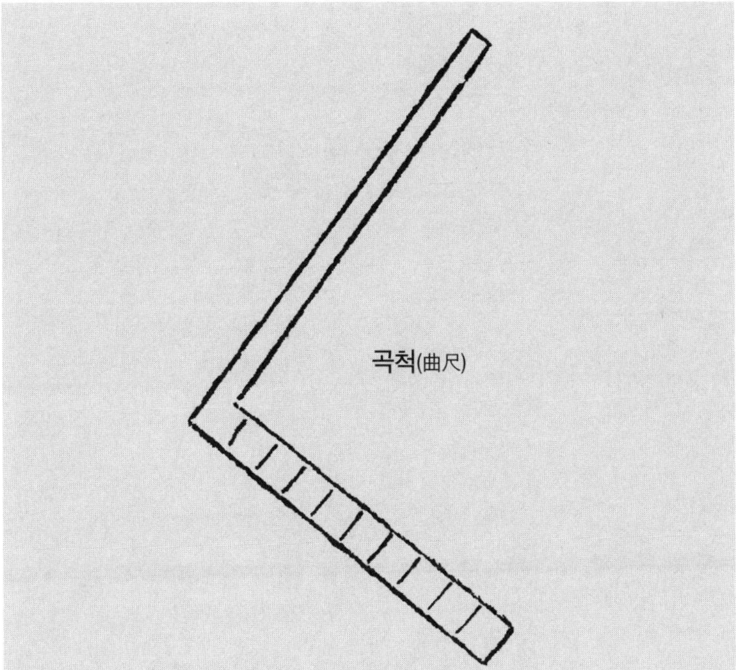

四書章圖隱栝總要

朱子曰 : "絜, 度也。矩, 所以爲方者也。" 蓋製方之器, 如今之匠人所謂曲尺者, 是也。天下之爲方器者, 必以此爲則焉。絜矩, 即以此曲尺量度他物, 使上下四旁, 長短[32]廣狹, 彼此如一, 無不合也。

주자가 말하기를, "혈絜이란 헤아린다는 뜻이고, 구矩는 네모를 그리는 도구이다."라고 하였다.[33] 대개 네모를 그리는 도구란 지금 장인들이 말하는 곡척曲尺(곱자)이라는 것이 이것이다. 천하에서 네모난 물건을 만드는 이들은 반드시 이것을 기준으로 삼는다. '혈구絜矩'란 곧 이 곡척으로 다른 물건을 재서 상하사방의 길이와 넓이를 피차가 동일하고 합치되지 않는 것이 없게 하는 일이다.[34]

朱子絜矩兩圖

彼此前後上下左右

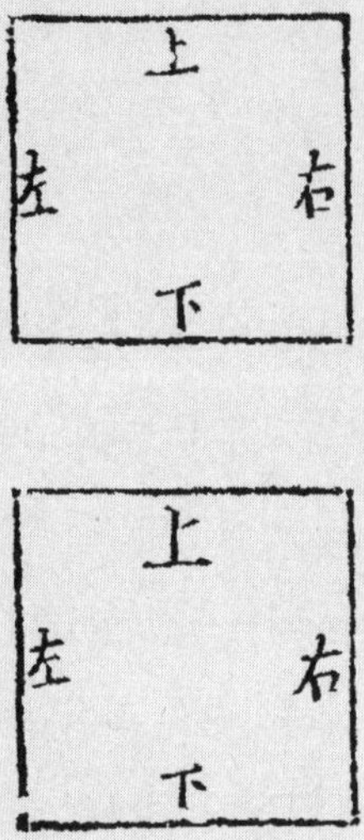

長短廣狹無一不平

朱子答或人絜矩之問嘗以上下左右前後畫爲兩圖以爲合而觀之則方正之形隱然在目中矣詳見語錄

주자의 혈구지도와 관련한 두 그림

朱子絜矩兩圖

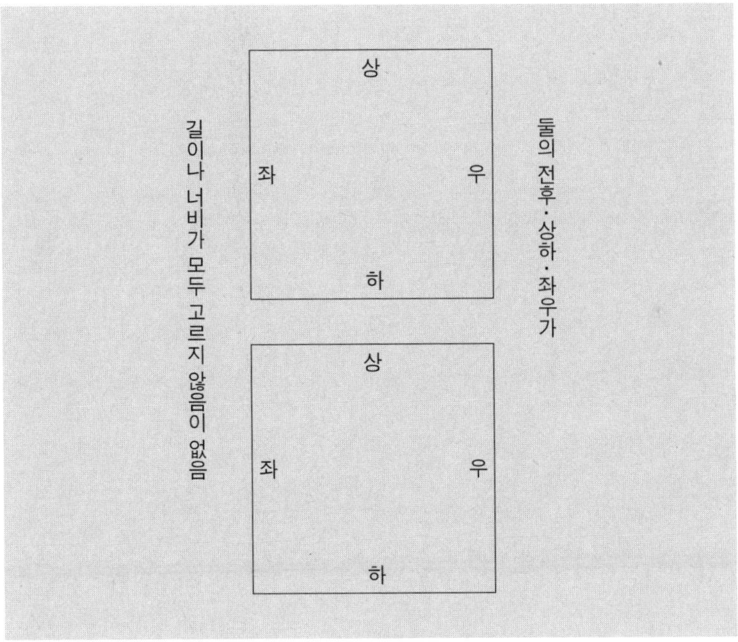

사서장도 은괄총요

朱子答或人絜矩之問, 嘗以上下、左右、前後, 畫爲兩圖, 以爲合而觀之, 則方正之形隱然在目中矣. 詳見『語錄』。

주자朱子가 어떤 사람이 '혈구絜矩'의 의미를 질문한 것에 대답하면서 한번은 상하·좌우·전후가 있는 두 개의 그림으로 그리고서는, '합쳐서 보면 반듯한 형체가 은연중에 눈에 들어온다고 설명한 적이 있다.『주자어록朱子語錄』에 상세히 보인다.[35]

周禘祫廟制

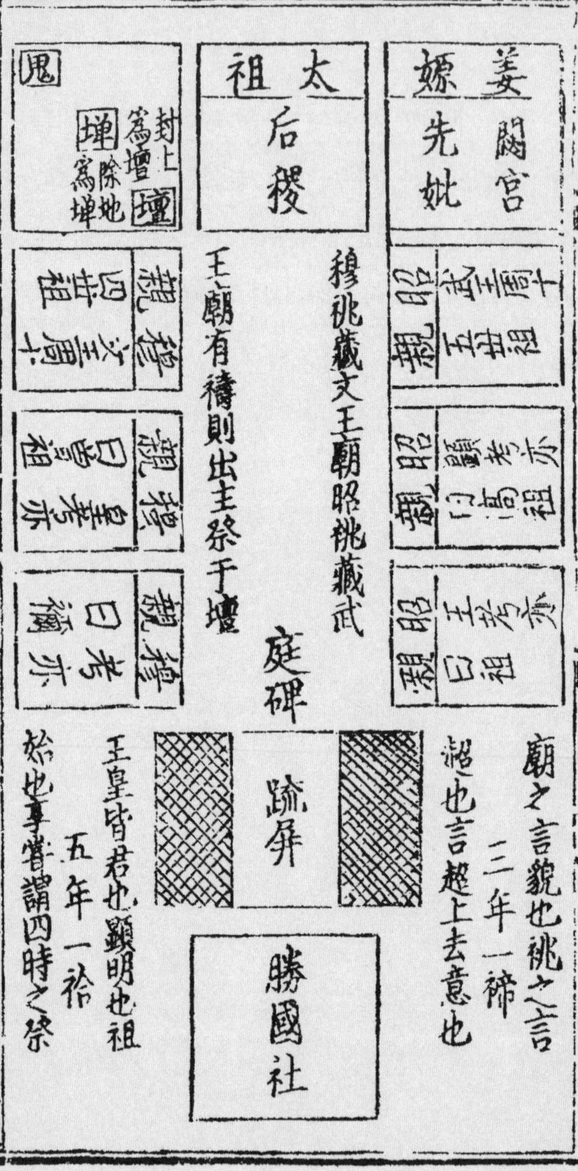

記祭法王立七廟一壇一墠曰考廟曰王考廟曰皇考廟曰顯考廟曰祖考廟皆月祭之遠廟為祧有二祧享嘗乃止去祧為壇去壇為墠壇墠有禱焉祭之無禱乃止去墠曰鬼諸侯立五

주나라 체제사와 협제사의 사당 제도에 대하여

周禘祫廟制

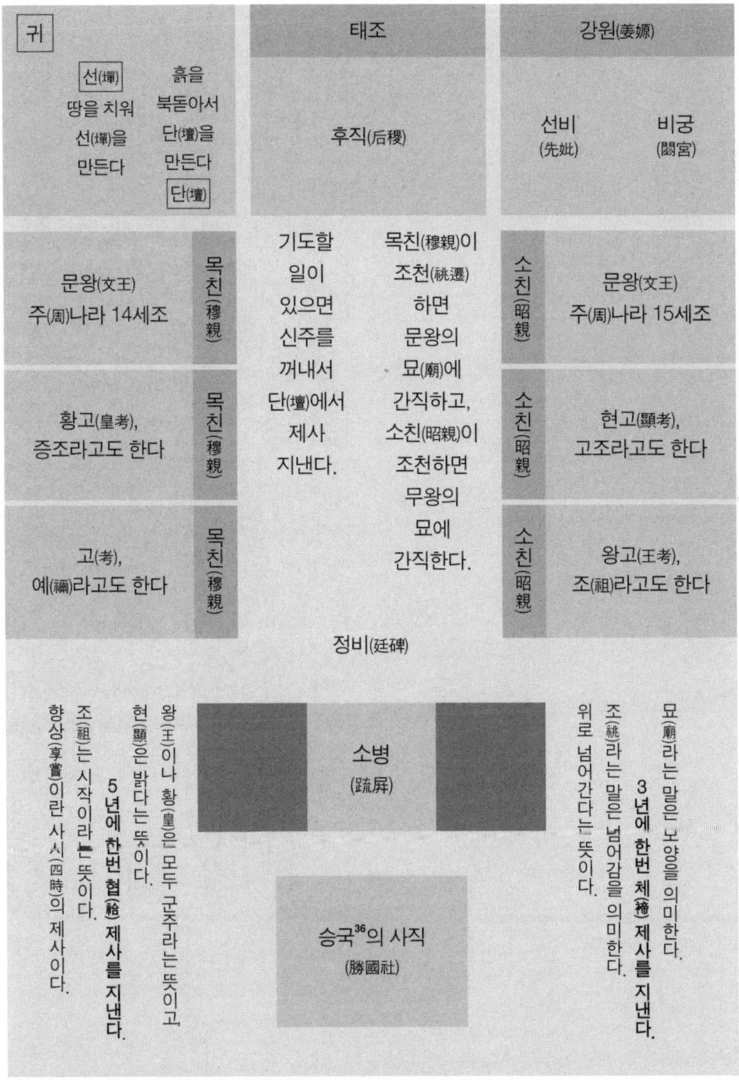

廟一壇一墠曰考廟曰王考廟曰皇考廟皆月祭之顯考廟祖考
廟享嘗乃止去祖為壇去壇為墠壇墠有禱焉祭之無禱乃止去
墠為鬼大夫立三廟一壇曰考廟王考廟曰皇考廟享嘗乃止顯
考祖考無廟有禱焉為壇祭之去壇為鬼適士二廟一壇曰考廟曰王
考廟享嘗乃止顯考無廟有禱焉為壇祭之去壇為鬼官師一廟曰
考廟王考無廟而祭之去王考為鬼庶人庶士無廟死曰鬼

『記』「祭法』:“王立七廟、一壇、一墠。曰考廟、曰王考廟、曰皇考廟、曰顯考廟、曰祖考廟, 皆月祭之。遠廟爲祧, 有二祧, 享嘗乃止。去祧爲壇, 去壇爲墠。壇、墠有禱焉, 祭之 ; 無禱, 乃止。去墠曰鬼。諸侯立五廟、一壇、一墠。曰考廟、曰王考廟、曰皇考廟, 皆月祭之。顯考廟、祖考廟, 享嘗乃止。去祖爲壇, 去壇爲墠。壇、墠有禱焉, 祭之 ; 無禱, 乃止。去墠爲鬼。大夫立三廟、一壇。曰考廟、王考廟、曰皇考廟, 享嘗乃止。顯考、祖考無廟, 有禱焉, 爲壇祭之, 去壇爲鬼。適士二廟、一壇。曰考廟、曰王考廟, 享嘗乃止。顯考無廟, 有禱焉, 爲壇祭之。去壇爲鬼。官師一廟 : 曰王考廟。王考無廟, 而祭之。去王考爲鬼。庶士、庶人無廟, 死曰鬼。”

『예기禮記』「제법祭法」에서 다음과 같이 말하였다. “왕은 7묘廟를 세우고 단壇 하나와 선墠 하나가 있다. (그중 5묘는) 고묘考廟·왕고묘王考廟·황고묘皇考廟·현고묘顯考廟·조고묘祖考廟이며[37] 모두 달마다 제사 지낸다. 먼 조상의 묘廟는 조묘祧廟가 되는데 조묘는 둘이 있으며[38] 사시四時의 제사만 지낸다. 존속관계가 멀어져서 조묘에서 제사지내지 못하고 단壇에서 제사를 지내야 하는 조상도 있고 단에서조차 제사를 지내지 못하고에서 선墠에서 제사를 지내야 하는 조상도 있다. 흙을 쌓아올린 것이 단이고, 그냥 땅바닥을 깨끗이 치워서 마련한 공간이 선이다. 단과 선에서는 기도할 일이 있어야만 제사 지내고, 기도할 일이 없으면 그친다. 선에서조차 제사지내지 못하

四書章圖

陳栝總要

는 조상은 '귀鬼'가 된다. 제후는 5묘를 세우고 단 하나와 선 하나가 있다. 그중 3묘는 고묘·왕고묘·황고묘이며 모두 달마다 제사 지낸다. 현고묘·조고묘에는 사시의 제사만 지낸다. 존속관계가 멀어져서 조고묘에서 제사지내지 못하고 단壇에서 제사를 지내야 하는 조상도 있고 단에서조차 제사를 지내지 못하고에서 선墠에서 제사를 지내야 하는 조상도 있다. 흙을 쌓아올린 것이 단이고, 그냥 땅바닥을 깨끗이 치워서 마련한 공간이 선이다. 단과 선에는 기도할 일이 있으면 제사 지내고, 기도할 일이 없으면 그친다. 선에서 나가면 '귀'가 된다. 대부는 3묘와 단 하나를 세운다. 고묘·왕고묘·황고묘이며 사시의 제사만 지낸다. 현고顯考·조고祖考에게는 사당이 없고, 기도할 일이 있으면 단을 만들어서 제사 지낸다. 존속관계가 다해서 단에서 제사지낼 수 없는 조상은 '귀'가 된다. 적사適士는 2묘와 1단이다. 고묘·왕고묘이며 사시의 제사만 지낸다. 현고에게는 사당이 없고, 기도할 일이 있으면 단을 만들어 제사 지낸다. 존속관계가 다해서 단에서 제사지낼 수 없는 조상은 '귀'가 된다. 관사官師는 1묘인데 고묘考廟이다. 왕고王考에게는 사당 없이 제사 지낸다. 왕고 이상의 조상은 '귀'가 된다. 서사庶士와 서인庶人은 사당이 없고, 죽으면 '귀'라 한다."

三年一禘

趙伯循云禘者祭其始祖之所自出而以始祖配之但設兩位而不兼群廟之主爲其尊遠不敢褻也此王者之大祭有虞禘黃帝而以顓頊配夏氏亦然殷人禘嚳而以契配周人禘嚳而以文王配魯禘則以文爲所出而以周公配也

3년에 한번 체 제사를 지내는 것에 대하여
三年一禘

趙伯循云："禘者, 祭其始祖之所自出, 而以其始祖配之。但設兩位, 而不兼群廟之主, 爲其尊遠, 不敢褻也。此王者之大祭：有虞禘黃帝, 而以顓頊配；夏氏亦然；殷人禘嚳, 而以契配；周人禘嚳而以文王配；魯禘則以文爲所出, 而以周公配也。"

조백순趙伯循[39]이 말하기를, "체禘란 그 시조의 시원이 되는 분에게 제사를 지내는 것이고, 그 시조를 함께 배향한다. 단지 두 분의 신위만 세우고 다른 묘廟들의 신주를 같이 두지 않는 것은 그분이 존귀하고 먼 조상이어서 감히 허물없이 대하지 못하기 때문에다. 이것은 왕자王者의 큰 제사이다. 유우有虞는 황제黃帝에게 체禘 제사를 지내고 전욱顓頊을 배향하였고, 하夏나라도 그렇게 하였으며, 은殷나라 사람은 제곡帝嚳에게 체 제사를 지내고 설契을 배향하였고, 주周나라 사람은 제곡에게 체 제사를 지내고 문왕文王을 배향하였으며, 노魯나라의 체 제사는 문왕을 시조의 시원으로 삼고 주공周公을 배향하였다."라고 하였다.[40]

五年一祫

祫有二曾子問曰祫祭於祖則祝迎四廟之主王制云天子祫嘗祫烝諸侯嘗祫烝祫此時祭之祫也公羊傳曰毁廟之主陳于太祖未毁廟之主皆升食于太祖此大祫毁廟未毁廟之主而祭之也

5년에 한번 협 제사를 지내는 것에 대하여
五年一祫

祫有二。『曾子問』曰 : “祫祭於祖, 則祝迎四廟之主。” 『王制』云 : “天子祫嘗、祫烝, 諸侯嘗祫、烝祫。” 此時祭之祫也。『公羊傳』曰 : “毁廟之主, 陳於太廟 ; 未毁廟之主, 皆升食於太祖。” 此大祫毁廟、未毁廟之主而祭之也。

협祫 제사[41]에는 두 가지가 있다. 『예기禮記』「증자문曾子問」에 이르기를, “조상에게 협 제사를 지내게 되면 축祝이 사묘四廟의 신주를 모셔 온다.”라고 하였고,[42] 『예기禮記』「왕제王制」에서 이르기를, “천자天子는 상嘗(가을 제사)을 협 제사로 지내고 증烝(겨울 제사)을 협 제사로 지내며, 제후는 상嘗이 협 제사이고, 증烝이 협 제사이다”고 하였으니,[43] 이것은 시제時祭에 대한 협 제사이다. 『공양전公羊傳』에 이르기를, “허문 묘廟의 신주를 태묘太廟에 진열하고, 허물지 않은 묘의 신주는 모두 태조太祖의 묘에 올려 제사 지낸다.”라고 하였으니, 이것은 허문 묘와 허물지 않은 묘의 신주를 모두 합하여 제사를 지내는 것이다.

四祭不絕

代	禘	祖	郊	宗	王	說
虞	黃帝 文祖	顓頊 配文祖太祖	嚳 配太祖	堯 如父礼	舜	黃帝而後顓帝顓帝而後嚳嚳而後堯黃帝者堯所自出故禘之
夏	黃帝 文祖	顓頊 配文祖太祖	鯀 配太祖	禹 父	啓	黃帝而後顓帝顓帝而後鯀鯀而後禹黃帝亦禹所自出故禘之
商	帝嚳 文祖	契 配文祖太祖	冥 配太祖	湯 父	太甲	嚳而後契契而後冥冥而後湯帝嚳商之所自出故禘之
周	帝嚳 文祖	文王	稷 配天亦文祖太祖	武王 父	成王	嚳而後稷稷而後文王文王而後武王帝嚳亦周所自出故禘之

네 제사가 끊어지지 않음에 대하여[44]

四祭不絶

주(周)		상(商)		하(夏)		우(虞)	
조(祖)	체(禘)	조(祖)	체(禘)	조(祖)	체(禘)	조(祖)	체(禘)
문왕(文王)	제곡(帝嚳)	설(契)	제곡(帝嚳)	전욱(顓頊)	황제(黃帝)	전욱(顓頊)	황제(黃帝)
	문조(文祖)	배향은 문조와 태조	문조(文祖)	배향은 문조와 태조	문조(文祖)	배향은 문조와 태조	문조(文祖)
종(宗)	교(郊)	종(宗)	교(郊)	종(宗)	교(郊)	종(宗)	교(郊)
무왕(武王)	직(稷)	탕(湯)	명(冥)	우(禹)	곤(鯀)	요(堯)	곡(嚳)
부친	하늘의 배향이 되며 또한 문조와 태조	부친	배향은 태조	부친	배향은 태조	부친에 대한 예와 같다	배향은 태조
성왕(成王)		태갑(太甲)		계(啓)		순(舜)	
곡(嚳) 이후에 직(稷), 직 이후에 문왕(文王), 문왕 이후에 무왕이다. 제곡은 또한 주(周)가 나온 기원이기 때문에 그에게 체(禘) 제사를 지낸다.		곡(嚳) 이후에 설(契), 설 이후에 명(冥), 명 이후에 탕(湯)이다. 제곡은 상(商)이 나온 기원이기 때문에 그에게 체(禘) 제사를 시낸다.		황제(黃帝) 이후에 전욱(顓頊), 전욱 이후에 곤(鯀), 곤 이후에 우(禹)이다. 황제는 또한 우가 나온 기원이기 때문에 그에게 체(禘) 제사를 지낸다.		황제(黃帝) 이후에 전욱(顓頊), 전욱 이후에 곡(嚳), 곡 이후에 요(堯)이다. 황제는 요가 나온 기원이기 때문에 그에게 체(禘) 제사를 지낸다.	

朱子論五廟昭穆

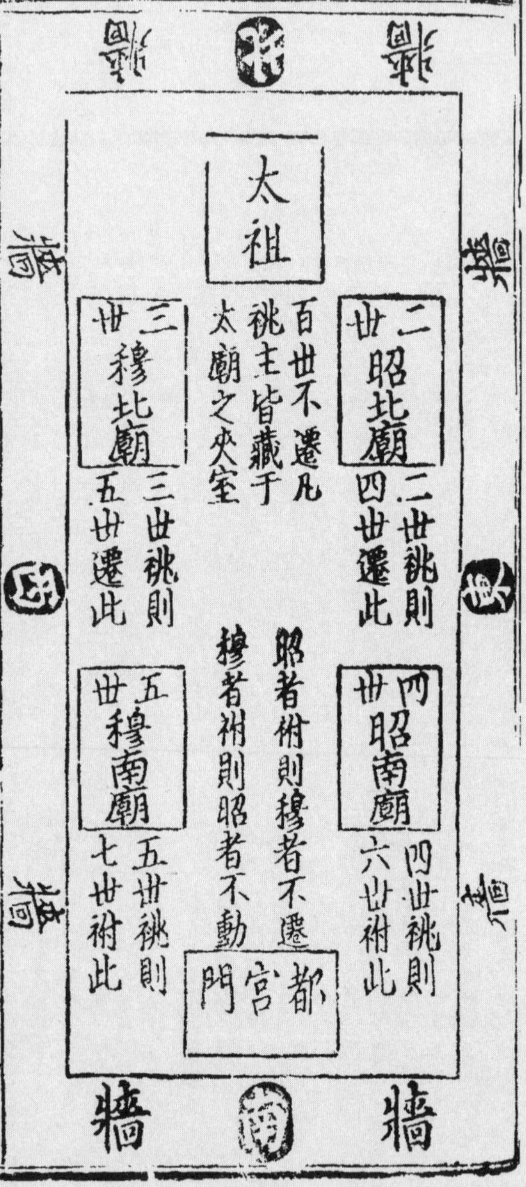

或問云云朱子曰周禮建國之神位左宗廟則五廟皆當在公宮之東南矣其制則孫毓以爲外爲都宮太祖在北二昭二穆以次而南是也（孫毓云宗廟之制外爲都宮內各有寢廟別有門垣太祖在北左昭右穆差次而南）蓋太祖之廟始封之君居之昭之北廟一世之君居之穆

주자가 오묘의 소와 목을 논함

朱子論五廟昭穆

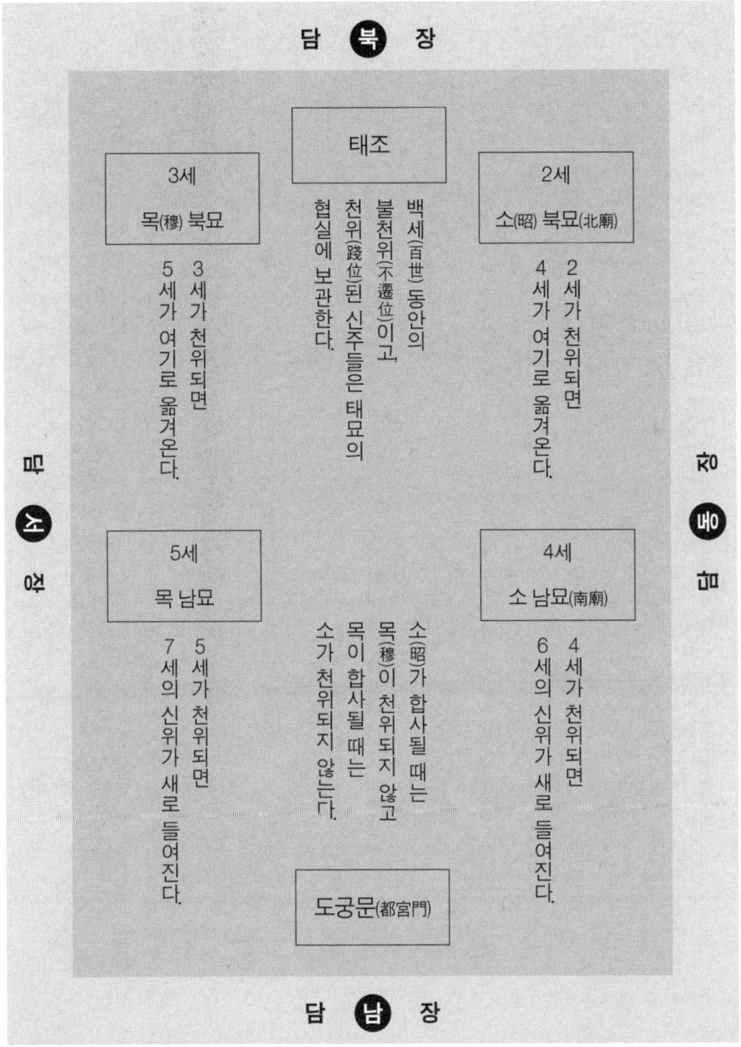

北廟三世之君居之昭之南廟四世之君居之穆之南廟之
五世之君居之廟皆南向各有門堂室寢而牆宇四周焉一世
各為一廟廟有門有堂有室有房有夾室有寢四面有牆太祖之廟百世不遷自餘四廟
則六世之後每一易世而一遷其遷之也新主祔于其班之
南廟南廟之主遷於北廟北廟親盡則遷其主于太廟之西
夾室而謂之祧古者始祖之廟有夾室凡祧主皆藏之於夾室或問六世之後二世
之主既祧則三世為昭而四世為穆五世為昭而六世為穆
乎曰不然也昭常為昭穆常為穆禮家之說有明文矣蓋二
世祧則四世遷昭之北廟六世祔昭之南廟矣三世祧則五
世遷穆之北廟七世祔穆之南廟矣昭者祔則穆者不遷穆
者祔則昭者不動遷毀之序則昭常為昭穆常為穆假令新死者當祔昭廟則毀高祖之廟而祔其主
於左祧遷其祖之主于高祖之故廟而祔新死者于祖之故廟即當祔於穆者其序亦然蓋祔昭則羣昭皆動而穆不移
祔穆則羣穆皆移而昭不動此所以祔必以班儀禮所謂以其班祔檀弓所謂祔于祖父是也尸

或問云云。朱子曰 : "蓋周禮建國之神位, 左宗廟, 則五廟皆在公宮之東南矣。其制則孫毓以爲 '外爲都宮, 太祖在北, 二昭二穆以次而南', 是也。〈孫毓云 : "宗廟之制, 外爲都宮, 內各有寢廟, 有門垣。太祖在北,[45] 左昭右穆, 差次而南。〉蓋太祖之廟, 始封之君居之 ; 昭之北廟, 二世之君居之 ; 穆之北廟, 三世之君居之 ; 昭之南廟, 四世之君居之 ; 穆之南廟, 五世之君居之。廟皆南向, 各有門、堂、寢、室, 而墻宇四周焉。〈一世各爲一廟, 廟有門, 有堂, 有室, 有房, 有夾室, 有寢, 四面有牆。〉太祖之廟, 百世不遷, 自餘四廟, 則六世之後, 每一易世而一遷。其遷之也, 新主祔於其班之南廟, 南廟之主, 遷於北廟。北廟親盡, 則遷其主於太廟之西夾室, 而謂之祧。" 〈古者始祖之廟有夾室。凡祧主皆藏之於夾室。〉

或問曰 : "六世之後。二世之主旣祧, 則三世爲昭而四世爲穆, 五世爲昭而六世爲穆乎?" 曰 : "不然也。昭常爲昭, 穆常爲穆, 禮家之說有明文矣。蓋二世祧, 則四世遷昭之北廟, 六世祔昭之南廟矣 ; 三世祧, 則五世遷穆之北廟, 七世祔穆之南廟矣。昭者祔, 則穆者不遷 ; 穆者祔, 則昭者不動。〈遷毁之序, 則昭常爲昭, 穆常爲穆。假令新死者當祔昭廟, 則毁其高祖之廟, 而祔其主於左祧, 遷其祖之主於高祖之故廟, 而祔新死者於祖之故廟。即當祔於穆者, 其序亦然。蓋祔昭則羣昭皆動, 而穆不移 ; 祔穆則羣穆皆移, 而昭不動。〉此所以祔必以班。〈『儀禮』所謂 "以其班祔", 『檀弓』所謂 "祔於祖父", 是也。〉尸必以孫。〈古者立尸, 必隔一位。孫可以爲祖尸, 子不可以爲父尸。以昭穆不可亂也。〉而子孫之列, 亦以爲序。若武王謂文王爲穆考,必以孫古者立尸必隔一位孫可以爲王父尸子不可以爲父尸以昭穆不可亂也而子孫之列亦以爲序若武王謂文王爲穆考成王稱武王爲昭考則自其始祔而已然而春秋傳以管蔡郕霍爲文之昭邘晉應韓爲武之穆則雖其既遠而猶不易也豈其交錯彼此若是之紛紛哉后稷至文武十有六世文王於廟次爲穆故其子爲昭管蔡郕霍者文王之子也武王於廟次爲昭故其子爲穆邘晉應韓者武王之子也曰廟之始立也二世昭而三世穆四世昭而五世穆則固當以左爲尊而右爲卑矣今乃三世穆而四世昭五世穆而六世昭是則右反爲尊而左反爲卑也而可乎曰不然也宗廟之制但以左右爲昭穆而不以昭穆爲尊卑故五廟同爲都宮則昭常在左穆常在右而外有以不失其序一世自爲一廟則昭不見穆穆不見昭而內有以各全其尊諸廟別有門垣足以各全其尊初不以左右爲尊卑也必大祫而會於一室然後序其尊卑之次則凡已毀未毀之主又畢陳而無所易一昭一穆故有

成王稱武王爲昭考, 則自其始祔而已然。而『春秋傳』以管、蔡、郕、霍爲文之昭, 邗、晉、應、韓爲武之穆, 則雖其旣遠而猶不易也。豈其交錯彼此, 若是之紛紛哉!" 〈后稷至文、武十有[46]六世, 文王於廟次爲穆, 故謂其子爲昭。管、蔡、郕、霍者, 文王之子也。武王於廟次爲昭, 故謂其子爲穆。邗、晉、應、韓者, 武王之子也。〉

曰 : "廟之始立也, 二世昭而三世穆, 四世昭而五世穆, 則固當以左爲尊而右爲卑矣。今乃三世穆而四世昭, 五世穆而六世昭, 是則右反爲尊而左反爲卑矣, 而可乎?" 曰 : "不然也。宗廟之制, 但以左右爲昭穆, 而不以昭穆爲尊卑。故五廟同爲都宮, 則昭常在左, 穆常在右, 而外有以不失其序 ; 一世自爲一廟, 則昭不見穆, 穆不見昭, 而內有以各全其尊。〈諸廟別有門、垣, 足以各全其尊, 初不以左右爲尊卑也。〉必大祫而會於一室, 然後序其尊卑之次, 則凡已毁、未毁之主, 又必陳而無所易。〈一昭一穆, 固[47]有定次, 而其自相爲偶, 亦不可易。但其散居本廟, 各自爲主, 而不相厭, 則武王進居王季之位, 而不嫌尊於文王, 及其合食於祖, 則王季雖遷, 而武王自當與成王爲偶, 未可以遽進而居王季之處也。〉唯四時之祫, 不陳毁廟之主, 則高祖有時而在穆, 其禮未有考焉。意或如此, 則高之上無昭, 而特設位於祖之西, 禰之下無穆, 而特設位於曾之東也與?" 〈高祖, 四世祖也。世與太字古多互用。如太子爲世子、太室爲世室之類。○問 : "高爲穆之義?" 曰 : "新死之主, 新祔便在昭這一排, 且如諸侯五廟, 一是太祖, 便居中, 二昭、二穆相對。今新死者祔, 則高過在穆這一排, 對空坐, 禰在昭一排, 亦對空坐。以某意[48]推之, 當是如此。但禮經難考。〉

定次而其自相爲偶亦不可易但其散居本廟各自爲主而不相厭則武王進居王季之位而不嫌尊於文王及其合食于祖則王季雖遷而武王自當与成王爲偶未可以遷進而居王季之處也唯四時之祫不陳毀廟之主則高祖有時而在穆其禮未有考焉意或如此則高之上無昭而特設位於祖之西禰之下無穆而特設位於曾之東也與高祖四世祖也世与太字古多互用如太子爲世子太室爲世室之類○問高爲穆之義曰新死之主新祔便在昭這一排且如諸侯五廟一是太祖便居中二昭二穆相對今新死者祔則高過在穆這一排對空坐祢在昭一排亦對坐以意推之當是如此但礼經難考曰然則毀廟云者何也曰春秋傳曰壞廟之道易檐可也改塗可也說者以爲將納新主示有所加耳非盡撤而悉去之也改塗易檐言不是尽除只改其灰飾易其屋檐而已

曰："然則毀廟云者，何也?" 曰："『春秋傳』曰：'壞廟之道，易簷可也，改塗可也。' 說者以爲將納新主，示有所加耳，非盡徹而悉去之也。" 〈改塗易簷，言不是盡除，只改其灰飾，易其屋簷而已。〉

누군가 운운하는 내용으로 질문하였다.[49] 주자朱子가 말하기를, "대개 주周나라 예법에 처음 분봉받은 제후의 신위는 종묘宗廟를 왼편에 두도록 규정하였으므로[50] 오묘五廟가 모두 공궁公宮(제후의 궁궐)의 동남편에 있습니다. 그 제도는 손육孫毓[51]이 '바깥은 도궁都宮이고, 태조太祖는 북쪽에 있으며, 2소昭와 2목穆이 차례로 남쪽에 있다.'라고 한 바로 그것입니다. 〈손육이 이르기를, "종묘의 제도는 밖에 도궁都宮을 만들고 안에 각각 침묘寢廟가 있고 문과 담이 있으며, 태조太祖는 북쪽에 있고 왼편의 소昭와 오른 편의 목穆이 차례대로 남쪽에 있다."라고 하였다.〉 대개 태조의 묘廟에는 처음 봉해진 군주가 모셔지고, 소昭 중에서 북쪽 묘에는 2세世인 군주가 모셔지고, 목穆 중에서 북쪽 묘에는 3세인 군주가 모셔지며, 소 중에서 남쪽의 묘에는 4세인 군주가 모셔지고, 목 중에서 남쪽의 묘에는 5세인 군주가 모셔집니다. 묘는 모두 남향이고 각각 문門·당堂·침寢·실室이 있고 담장이 사방을 두르고 있습니다. 〈한 세世마다 하나의 묘를 만들고 묘에는 문이 있고, 실이 있고, 방이 있고, 협실夾室이 있고, 침寢이 있고 사면에 담장이 있다.〉 태조의 묘는 영원히 옮겨지지 않는 것이고 나머지 네 묘는 6세世가 지난 이후부터는 한 세世가 바뀔 때마다 한 번씩 옮겨집니다. 그 '옮겨진다'라는 것은 새 신주를 해당되는 줄[52]의 남쪽 묘에 새로 모시고 원래 남쪽 묘에 있던 신주는 그 북쪽 묘로 옮깁니다. 그 북쪽 묘는 친속관계[53]가 끝나서 그 신주를 태묘의 서쪽 협실로 옮기는데 그것을 '조祧'라고 합니다." 〈옛날에는 시조의 묘에 협실이 있어서 신주를 조천祧遷(독립된 묘에 모시지 않고 옮김)하게 되면 모두 이 협실에 보관하였다.〉라고 대답하였다.

어떤 이가 묻기를, "6세世째가 된 뒤에는 2세世의 신주를 이미 조천하였으니 3세가 소昭가 되고 4세가 목이 되며 5세가 소가 되고 6세가 목이 되는 것입니까?"라고 하자, 주자가 대답하기를, "그렇지 않습니다. 소昭는 항상 소이고, 목穆은 항상 목이니, 예법 전문가들의 설명에 이미 명백한 글이 있습니다. 대개 2세가 조천하게 되면 4세가 소昭의 북쪽 묘로 옮겨지고, 6세가 새로 소의 남쪽 묘에 모셔지며, 3세가 조천하게 되면, 5세가 목의 북쪽 묘로 옮겨지고 7세는 목의 남쪽 묘에 새로 모셔집니다. 소昭에 해당하는 신위가 새로 모셔지는 경우 목에 해당하는 신위는 옮겨지지 않고, 목에 해당하는 신위가 새로 모셔지는 경우 소에 해당하는 신위는 움직여지지 않습니다. 〈옮기고 허무는 순서의 경우, 소昭는 항상 소가 되고 목穆은 항상 목이 된다. 가령 새로 세상을 떠난 분이 소묘昭廟에 새로 모셔져야 하면 고조의 묘를 허물고 그 고조의 신주를 왼쪽 조묘祧廟에 새로 모시고, 그 조부의 신위를 고조의 옛 묘로 옮기며 새로 돌아가신 분의 신주는 조부의 옛 묘에 새로 모신다. 목묘穆廟에 새로 모셔져야 할 경우에도 그 순서는 또한 그러하다. 대개 소묘에 새로 신주를 모시게 되면 여러 소昭는 모두 움직이는데 목은 옮겨지지 않으며, 소묘에 새로 신주를 모시게 되면 여러 목穆은 모두 옮겨지는데 소는 움직이지 않는다.〉[54] 이것이 바로 새로 신주를 모실 때는 반드시 같은 반열에 모시는 까닭이고 〈『의례儀禮』의 이른 바 '그 줄에 맞게 새로 신주를 모신다'라는 말이나 『예기』「단궁檀弓」의 이른 바 '조부가 있던 묘에 새로 모신다'라는 말이 이것이다.〉 시동尸童은 반드시 손자로 정하는 까닭입니다. 〈옛날에 시동을 세울 때는 반드시 한 세대를 격하게 하였다. 손자는 조부의 시동이 될 수 있지만 아들은 부친의 시동이 될 수 없다. 소昭와 목穆은 어지럽힐 수 없기 때문이다.〉 그리고 자손의 반열도 또한 이것이 순서가 됩니다. 예컨대 무왕武王이 문왕文王을 목고穆考라고 불렀고, 성왕成王은 무왕을 소고昭考라고 불렀으니[55] 처음 묘에 새로 모셨을 때부터 이미 그러합니다. 그리고 『춘추전春秋傳』에 '관숙管叔·채숙蔡叔·성숙郕·곽숙霍叔을 문왕의 소昭라고 하였고, 우邘·진晉·응應·한韓을 무왕의 목穆으로 불렀으니 비록 이미 멀어진 뒤라 해도 여전히 바뀌지 않는 것입니다. 어찌 저것과 이것을 이처럼 어수선하게 교차할 수 있겠습니까!"라고 하였다. 〈후직后稷으로부터 문왕·무왕까지 16세이며, 문왕은 묘廟의 차례에 있어 목穆이기 때문에 그 아들을 소昭라고 한 것이다. 관숙管叔·채숙蔡叔·성숙郕·곽숙霍叔은 문왕의 아들들이다. 무왕은 묘의 차례에 있어 소昭이기 때문에 그 아들을 목이라고 한 것이다. 우邘·진晉·응應·한韓은 무왕의 아들들이다.[56]〉

묻기를, "묘를 처음 세울 때 2세는 소가 되고 3세는 목이 되며, 4세는 소가 되고 5세는 목이 되었다면 진실로 응당 왼쪽을 높은 것으로 오른 쪽을 낮은 것으로 삼았을 것입니다. 그런데 지금 3세는 목이 되고 4세는 소가 되며 5세는 목이 되고 6세는 소가 된다면 이것은 오른쪽이 오히려 높고 왼쪽이 도리어 낮은 것이 됩니다. 이래도 되겠습니까?"라고 하였다. 대답하기를, "그렇지 않습니다. 종묘의 제도는 단지 왼쪽과 오른쪽을 소와 목으로 나누었을 뿐이지 소와 목으로 높고 낮음을 정한 것이 아닙니다. 그렇기 때문에 다섯 묘가 함께 도궁都宮[57]이 되므로 소昭는 늘 왼쪽에 있고 목穆은 늘 오른쪽에 있어서 밖으로 그 차례를 잃지 않을 수 있고, 한 세世가 그 자체로 한 묘廟가 되므로 소는 목을 보지 않고 목은 소를 보지 않아서 안으로 각각 그 존귀함을 온전히 할 수 있는 것입니다. 〈여러 묘들은 별도로 문과 담이 있어서 각각 그 존귀함을 온전히 할 수 있으니 애초에 왼쪽과 오른쪽으로 높고 낮음을 정한 것이 아니다.〉[58] 반드시 큰 협祫 제사[59]를 지내는 상황이 되어 하나의 실室에 모인 뒤에야 그 높고 낮은 등급을 정하게 되는데, 이미 허문 신주와 아직 허물지 않은 신주를 모두 또 반드시 진열하기 때문에 바뀌는 것이 없습니다. 〈하나의 소昭와 하나의 목穆은 진실로 정해진 차례가 있는 것이고, 그것들이 서로 짝이 되는 것도 또한 바뀔 수 없다. 다만 그것들이 본묘本廟(그 본래의 묘)에 흩어져 모셔지고 있을 때는 서로가 거북할 것이 없으니 무왕이 왕계王季의 자리로 나아가게 되더라도 문왕보다 높아질까봐 꺼릴 것이 없는 것이다. 태조의 묘에서 함께 흠향할 때는 왕계가 비록 옮겨 갔더라도 무왕은 당연히 성왕成王과 짝이 되게 마련이니 갑자기 높아져 왕계의 자리에 모셔지게 되지는 않는다.〉[60] 오직 사시四時의 협祫 제사 때는 허문 묘의 신주는 진열하지 않아서 고조高祖가 간혹 목穆에 있을 때가 있는데 그 예법에 대해서는 아직 고찰하지 못하였습니다. 생각건대 혹시 이와 같다면 고조의 위에는 소昭가 없어 특별히 조부의 서쪽에 자리를 마련하고, 예禰(묘에 모셔진 망부亡父) 아래에는 목이 없어 특별히 증조의 동쪽에 자리를 마련한 것이 아니겠습니까?"라고 하였다.

〈고조는 네 세世 위 할아버지이다. 세世는 '태太'자와 옛날에 통용해 쓰는 경우가 많았다. 예를 들어 태자太子를 세자世子라고 하고, 태실太室을 세실世室이라고 하는 것 등이다.[61] ○ 고조가 목穆이 되는 논리에 대해 물었다. 대답하기를, "새로 세상을 떠난 분의 신주를 새로 모시게 되면 곧 소昭의 줄에 모신다. 또 제후에게 규정된 5묘의 경우 하나는 태조로 가운데에 있고 두 소묘昭廟와 두 목묘穆廟가 서로 마주 본다. 지금 새로 세상을 떠난 분을 새로 모시게 되면 고조는 목묘의 줄에 있으면서 마주 보는 것 없이 봉안되고, 예禰는 소묘의 줄에서 또한 마주 보는 것 없이 봉안된다. 내 생각으로 추단해 보자면 응당 이와 같아야 할 것 같다. 다만 예경禮經 중에서 고증하기는 어렵다."라고 하였다.[62]〉

묻기를, "그렇다면 '묘를 허문다'라는 말은 무슨 의미입니까?"라고 하자, 대답하기를, "『춘추전春秋傳』에 이르기를, '묘를 허무는 방식은 처마를 바꾸어도 되고, 칠을 다시 해도 된다.'라고 하였습니다. 이 문제를 설명하는 이들은 '장차 새로운 신주를 들이고자 하기 때문에 새로 더 하는 것이 있는 듯이 보여 주는 것일 뿐이지, 전부 뜯어서 다 치우는 것이 아니다.'라고 설명합니다."라고 하였다. 〈'칠을 다시 하고, 처마를 바꾼다'라는 것은 전부 다 뜯어낸다는 것이 아니고, 단지 회칠을 고치고 처마를 바꿀 뿐이라는 말이다.[63]〉[64]

室四隅

曾子問謂之當室之白孫炎曰當室白光所漏入也古人室在東南隅開門東北隅爲窔西北隅爲屋漏西南隅爲奧人纔進便見東北隅却到西北隅然後始到西南隅此是至深密之地

방의 네 귀퉁이[65]

室四隅

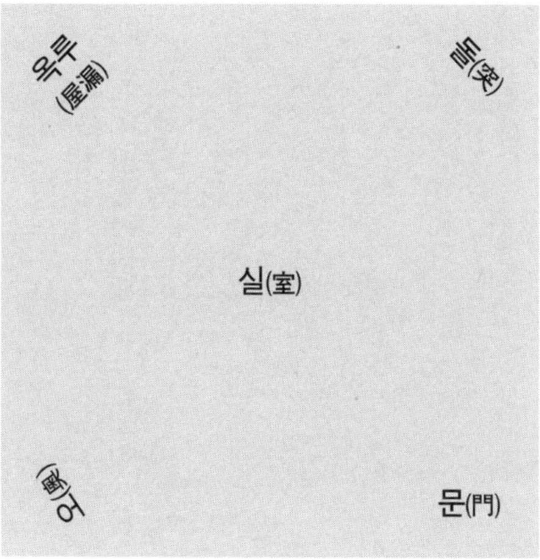

『曾子問』謂之 "當室之白", 孫炎曰 : "當室白光所漏入也。" 古人室,[66] 在東南隅開門, 東北隅爲突, 西北隅爲屋漏, 西南爲奧。人纔進, 便先見東北隅, 卻到西北隅, 然後始到西南隅, 此

사서장도 운팔총요

是至深密之地。

『예기禮記』「증자문曾子問」에서는 "당실當室의 밝은 곳"이라고 하였는데,[67] 손염孫炎[68]은 "당실當室에서 밝은 빛이 스며드는 곳이다."라고 하였다.[69] 옛사람의 방은 동남쪽 귀퉁이에 문을 만들고 동북쪽 귀퉁이에 돌突[70]을 만들며, 서북쪽 귀퉁이에 옥루屋漏를 만들고 서남쪽 귀퉁이에 오奧(아랫목)를 만든다. 사람이 들어가면 먼저 동북쪽 귀퉁이를 보고서는 서북쪽 귀퉁이에 이르고 그런 뒤에 비로소 서남쪽 귀퉁이에 이른다. 이것이 가장 깊고 은밀한 곳이다.[71]

羣廟各室主向

여러 사당 각 실의 신주 방향에 대하여
群廟各室主向

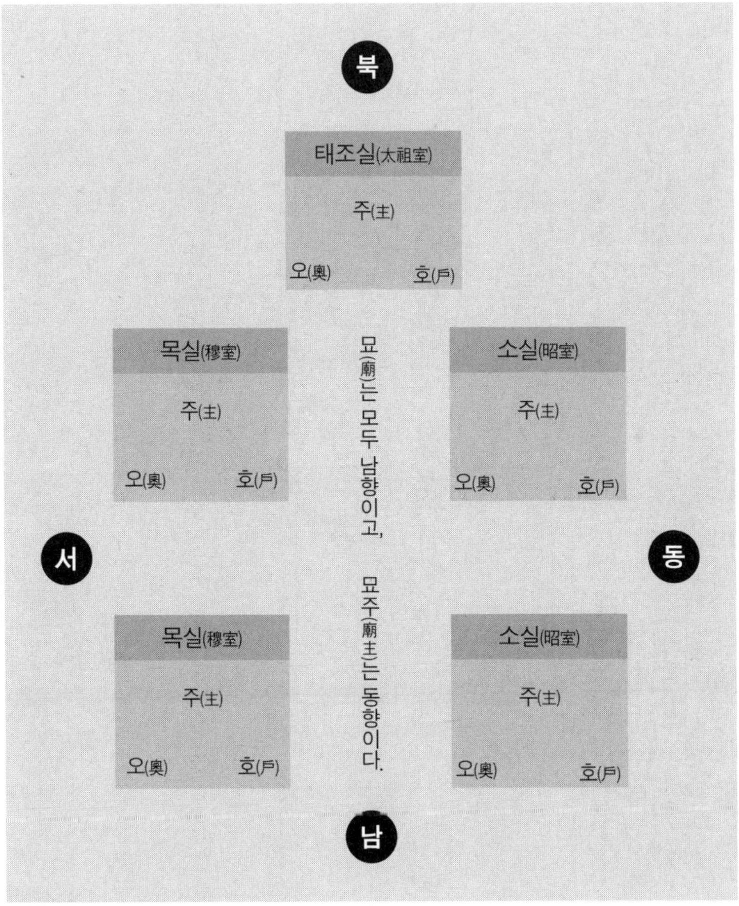

太廟合食主向

朱子曰凡廟主在本廟之室中皆東向及其祫于太廟之室中則惟太祖東向自如而爲最尊之位羣昭之入乎此者皆列於北牖下而南向羣穆之入乎此者皆列於南牖下而北向古人廟堂

태묘에서 합식合食할 경우 신주의 방향에 대하여
太廟合食主向

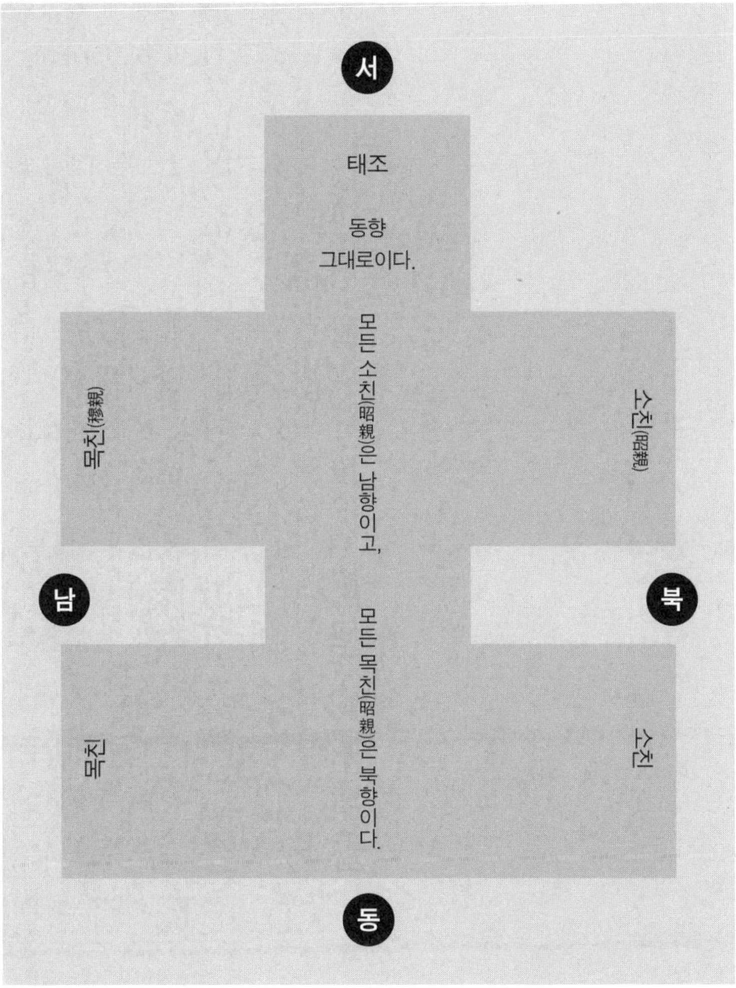

南向室在其北東戶西牖皆南向室西南隅爲奧尊者居之故神主在焉詩所謂宗室牖下者也主既在西壁下則須東向故行事之際主人入戶西向致敬凡廟皆南向而主皆東向惟祫祭之時羣廟之主皆升合食于太祖之祫則太祖之主仍舊東向而羣昭南向羣穆北向列于太祖之前此前代禮官所謂太祖正東向之位者爲祫祭時言也非祫時則羣廟之主在其廟中无不東向矣

南向者取其向明故謂之昭北向者取其深遠故謂之穆蓋羣廟之列則左爲昭而右爲穆祫祭之位則北爲昭而南爲穆也 昭穆之昭有讀爲韶者先儒以爲晉避司馬昭之諱故改昭爲韶然禮書亦有作佋字者則假借而通用耳

朱子曰："凡廟主在本廟之室中，皆東向，及其祫於太廟之室中，則惟太祖東向自如，而爲最尊之位，羣昭之入乎此者，皆列於北牖下而南向，羣穆之入乎此者，皆列於南牖下而北向。〈古人廟堂南向，室在其北，東戶西牖，皆南向。室西南隅爲奥，尊者居之，故神主在焉。『詩』所謂'宗室牖下'者也。主既在西壁下，即須東向，故行事之際，主人入戶，西向致敬。凡廟皆南向，而主皆東向。惟祫祭之時，羣昭羣穆皆升合食於太祖之時，則太祖之主仍東向自如，羣昭南向羣穆北向，列於太祖之前。此前代禮官所謂'太祖正東向之位'者，爲祫祭時言也。非祫時，則羣廟之主在其廟中，無不東向矣。〉

南向者，取其向明，故謂之昭；北向者，取其深遠，故謂之穆。蓋羣廟之列，則左爲昭而右爲穆，祫祭之位，則北爲昭而南爲穆也。"〈昭穆之昭，世讀爲韶者，先儒以爲'晉避司馬昭之諱，故改昭爲韶'。然禮書亦有作佋字者，則假借而通用耳。〉

주자가 이렇게 말하였다. "무릇 묘廟의 신주는 본묘本廟의 실室 안에 있을 때는 모두 동향이고, 태묘太廟의 실室 안에서 협祫 제사를 지내게 될 때에는 오직 태조만이 그대로 동향이고 가장 존귀한 위치이며, 여기에 들어온 여러 소昭들[72]은 모두 북쪽 창의 아래에 배열하여 남향하고, 여기에 들어온 여러 목穆들은 모두 남쪽 창의 아래에 배열하여 북향한다. 〈옛사람의 묘당廟堂은 남향이며 실室은 그 북쪽에 있었고 농쪽에 호戶(문)가 있고 서쪽에 유牖(창)가 있었는데 모두 남향이다. 실室의 서남쪽 귀퉁이가 오奧인데 어른이 거처하는 곳이기 때문에 신주神主를

四書章圖

隱括總要

거기에 봉안한다. 『시詩』의 이른바 '종실宗室은 유牖 아래에 있다'는 것이다. 신주가 이미 서쪽 벽의 아래에 있으니 곧 반드시 동향이다. 그러므로 제사를 지낼 때 주인이 호戶로 들어와 서향하여 공경을 표시한다.[73] 무릇 묘는 모두 남향이고 신주는 모두 동향이다. 오직 협祫 제사를 지낼 때 소昭들과 목穆들이 모두 태조의 묘에 올라 함께 흠향할 때에는 태조의 신주는 그대로 동향을 유지하지만 소昭들은 남향하고 목穆들은 북향하여 태조의 앞에 배열한다. 이것이 전대의 예관禮官이 말한 '태조는 정동향의 위치'라는 것이니 협 제사 때에 대해 말한 것이다. 협 제사 때가 아닌 경우에는 묘들의 신주는 자신의 묘에 있으니 동향을 하지 않는 것이 없다.〉[74]

남향이란 밝음을 향한다는 뜻을 취한 것이니, 그래서 소昭라고 하는 것이고, 북향이란 심원하다는 의미를 취한 것이니 그래서 목穆이라고 한다. 대개 묘들이 배열되는 것은 왼쪽이 소昭이고 오른쪽이 목穆인데, 협 제사의 위치는 북쪽이 소昭이고 남쪽이 목穆이다."[75]
〈소목昭穆의 '소昭'에 대해 세상 사람들이 '소韶'라고 읽는 것에 대해 선유先儒[76]가 '진晉나라에서 사마소司馬昭의 휘諱를 피하여 소昭를 소韶로 고친 것이다'라고 하였다. 하지만 예서禮書에는 '소佋'[77]라고 쓰인 경우도 있으니, 가차해서 통용하는 것일 뿐이다.[78]〉

諸儒論七廟昭穆

北

太祖
不毁

西		東
文王 不毁		武王 不毁
曾祖 穆親	后稷始封文武受命而王故三廟不毁與親廟四而七者諸儒之説	高祖 昭親
父 穆親		祖 昭親

南

여러 유자가 칠묘의
소와 목을 논한 것에 대하여
諸儒論七廟昭穆

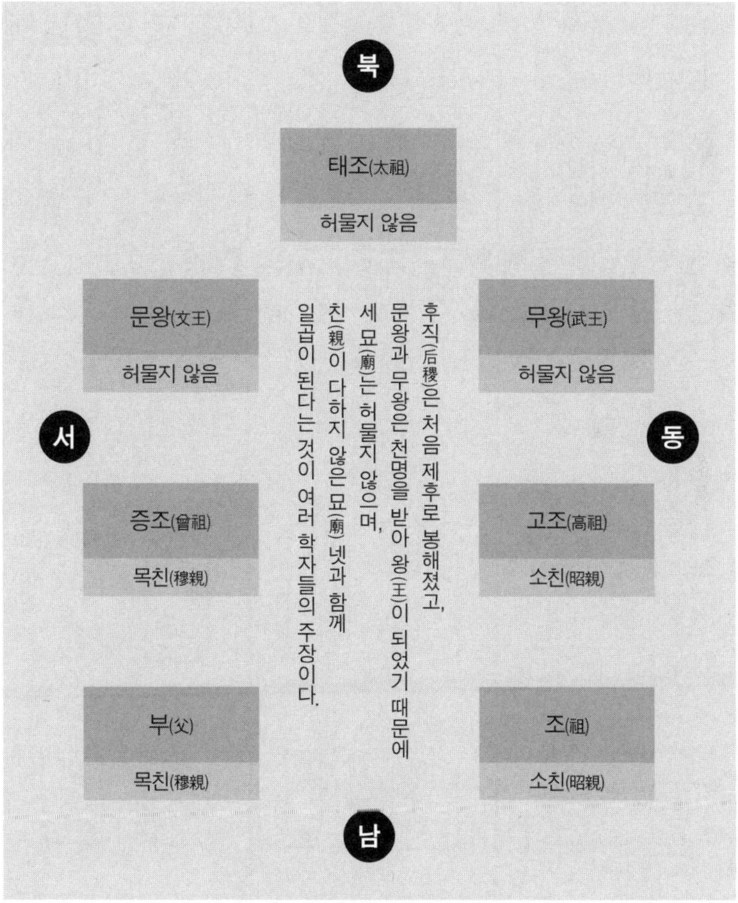

武王時五廟

太廟
后稷

昭 組紺 二世　穆 太王 三世

昭 王季 四世　穆 文王 五世

康王時五廟

太廟
后稷

昭 王季　穆 文王

昭 武王　穆 成王

穆王時六廟

太廟
后稷

世室 文王

昭 武王　穆 成王

昭 康王　穆 昭王

成王時五廟

太廟
后稷

昭 王季　穆 太王

昭 武王　穆 文王

昭王時五廟

太廟
后稷

昭 武王　穆 文王

昭 康王　穆 成王

共王時七廟

太廟
后稷

世室 武王　世室 文王

昭 康王　穆 成王

昭 穆王　穆 昭王

목왕 때의 6묘(廟)
태조(太祖)
후직(后稷)
세실(世室)
문왕(文王)
목(穆)
성왕(成王)
소(昭)
무왕(武王)
목(穆)
소왕(昭王)
소(昭)
강왕(康王)
강왕 때의 5묘(廟)
태조(太祖)
후직(后稷)
목(穆)
문왕(文王)
소(昭)
왕계(王季)
목(穆)
성왕(成王)
소(昭)
무왕(武王)
무왕 때의 5묘(廟)
태조(太祖)
후직(后稷)
목(穆)
태왕(太王)
3세
소(昭)
조감(組紺)
2세
목(穆)
문왕(文王)
5세
소(昭)
왕계(王季)
4세
공왕 때의 7묘(廟)
태조(太祖)
후직(后稷)
세실(世室)
문왕(文王)
세실(世室)
무왕(武王)
목(穆)
성왕(成王)
소(昭)
강왕(康王)
목(穆)
소왕(昭王)
소(昭)
목왕(穆王)
소왕 때의 5묘(廟)
태조(太祖)
후직(后稷)
목(穆)
문왕(文王)
소(昭)
무왕(武王)
목(穆)
성왕(成王)
소(昭)
강왕(康王)
성왕 때의 5묘(廟)
태조(太祖)
후직(后稷)
목(穆)
태왕(太王)
소(昭)
왕계(王季)
목(穆)
문왕(文王)
소(昭)
무왕(武王)

朱子曰天子七廟之制如諸儒之說則武王初有天下之時后稷爲太祖而組紺居昭之北廟太王居穆之北廟王季居昭之南廟文王居穆之南廟猶爲五廟而已至成王時則組紺祧王季遷而武王祔至昭王時則王季祧武王遷而康王祔自此以上亦皆且爲五廟而祧者藏于太祖之廟至穆王時則文王親盡當祧而以有功當宗故別立一廟於西北而謂之文世室於是成王遷昭王祔而爲六廟矣至共王時則武王親盡當祧而亦以有功當宗故別立一廟於東北謂之武世室於是康王遷穆王祔而爲七廟矣自是以後則穆之祧者藏於文世室昭之祧者藏於武世室而不復藏於太廟矣○又朱語錄曰天子七廟如周文武之廟不祧文爲穆則凡後之屬乎穆者皆歸於文之廟武爲昭則凡後之屬乎昭者皆歸於武之廟也趙氏曰父昭子穆而有常數者禮也祖宗功德而無定法者義也周於昭穆之外而有文武之廟至襄王顯王猶且祀之則其廟不毁可知矣

朱子曰[79]："如諸儒之說, 則武王初有天下之時, 后稷爲太祖, 而組紺居昭之北廟, 太王居穆之北廟, 王季居昭之南廟, 文王居穆之南廟, 猶爲五廟而已。至成王時, 則組紺祧, 王季遷, 而武王祔；至康王時, 則太王祧, 文王遷, 而成王祔；至昭王時, 則王季祧, 武王遷, 而康王祔。自此以上, 亦皆且爲五廟, 而祧者藏於太祖之廟。至穆王時, 則文王親盡當祧, 而以有功當宗, 故別立一廟於西北, 而謂之文世室。於是成王遷, 昭王祔, 而爲六廟矣。至共王時, 則武王親盡當祧, 而亦以有功當宗, 故別立一廟於東北, 謂之武世室。於是康王遷, 穆王祔, 而爲七廟矣。自是之後, 則穆之祧者, 藏於文世室, 昭之祧者, 藏於武世室, 而不復藏於太廟矣。"

○ 又『朱子語錄』曰："天子七廟, 如周文武之廟不祧, 文爲穆, 則凡後之屬乎穆者, 皆歸於文之廟；武爲昭, 則凡後之屬乎昭者, 皆歸乎武之廟也。"

趙氏曰："父昭子穆, 而有常數者, 禮也。祖功宗德, 而無定法者, 義也。周於昭穆之外, 而有文武之廟, 至襄王、顯王, 猶且祀之, 則其廟不毁可知矣。"

주자가 말하기를, "여러 다른 학자들의 학설대로라면 다음과 같은 의미가 된다. 무왕武王이 처음 천하를 차지하게 되었을 때는 후직后稷이 태조太祖이고 조감組紺[80]이 소昭의 북쪽 묘에 있고 태왕太王이 목穆의 북쪽 묘에 있으며 왕계王季가 소의 남쪽 묘에 있고 문왕이 목의 남쪽 묘에 있으니 여전히 다섯 묘일 뿐이었고, 성왕成王 때에 이르면 조감은 조천祧遷되고 왕계는 옮겨지며 무왕은 새로 모셔졌고, 강왕康王 때에 이르면 태왕이 조천되고 문왕이 옮겨지며 성왕成王이 새로 모셔졌고, 소왕昭王 때에 이르면 왕계가 조천되고 무왕이 옮겨지며 강왕康王이 새로 모셔졌다. 이 이상은 그래도 모두 아직은 다섯 묘이고 조천한 신주는 태조의 묘에 보관한다. 그런데 목왕穆王 때에 이르면 문왕의 친속 관계가 다해서[81] 조천해야 하지만 공업功業이 있어서 종宗이 되기 때문에 별도로 서북쪽에 묘를 하나 세워서 문세실文世室이라고 하고, 이에 성왕成王은 옮겨지고 소왕昭王이 새로 모셔지니 여섯 묘가 된다. 공왕共王 때에 이르면 무왕의 친속 관계가 다해서 조천해야 하지만 마찬가지로 공이 있어 종宗이 되기 때문에 별도로 동북쪽에 묘를 하나 세워서 무세실武世室이라고 하고, 이에 강왕康王은 옮겨지고 목왕穆王이 새로 모셔지니 일곱 묘가 된다. 이 뒤로는 목穆 중에서 조천된 것은 문세실에 보관하고, 소昭 중에서 조천된 것은 무세실에 보관하였고 태묘에는 더 이상 보관하지 않았다."라고 하였다.[82]

또 『주자어록朱子語錄』에서 이르기를, "천자의 일곱 묘廟란 예컨대 주周나라 문왕과 무왕의 묘를 조천하지 않는 것을 말한다. 문왕은 목穆이니 후세의 목에 속하는 이들은 모두 문왕의 묘에 봉안하고, 무왕은 소昭이니 후세의 소에 속하는 이들은 모두 무왕의 묘에 봉안한다."라고 하였다.[83] 조씨趙氏[84]가 말하기를, "아버지가 소昭이면 아들이 목穆이 되는 것으로 일정하게 수가 정해진 것은 예禮이고, 조祖라는 존호로 공이 있는 조상을 추존하고 종宗이라 존호로 공이 있는 조상을 추존하는 것이어서 특정한 누구를 미리 정해놓지 않은 것은 의義이다. 주周나라는 소昭와 목穆 이외에 문왕과 무왕의 묘가 있었는데, 양왕襄王과 현왕顯王의 시기에 이르러서도 여전히 제사를 지냈으니 그 묘가 허물어지지 않았음을 알 수 있다."라고 하였다.[85]

劉歆論七廟昭穆之圖

太祖

武世室　昭親　昭親　昭親

三昭三穆与太祖之廟而七文武爲宗不在數中者刘歆之說也

文世室　穆親　穆親　穆親

유흠이 칠묘의 소와 목에 대해 논한 것을 그린 그림

劉歆論七廟昭穆之圖

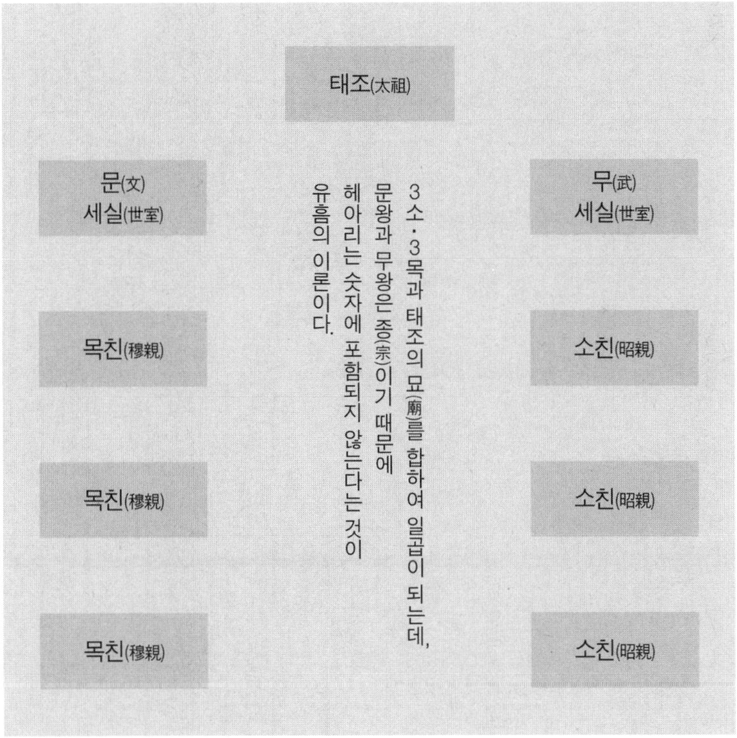

武王時七廟

后稷

昭	穆
高圉	亞圉
組紺	太王
王季	文王

康王時七廟

后稷

昭	穆
組紺	大王
王季	文王
武王	成王

成王時七廟

后稷

昭	穆
組紺	亞圉
王季	太王
武王	文王

昭王時七廟

后稷

昭	穆
王季	太王
武王	文王
康王	成王

강왕 때의 7묘

	후직(后稷)	
목(穆) 태왕(太王)		소(昭) 조감(組紺)
목(穆) 문왕(文王)		소(昭) 왕계(王季)
목(穆) 성왕(成王)		소(昭) 무왕(武王)

무왕 때의 7묘

	후직(后稷)	
목(穆) 아어(亞圉)		소(昭) 고어(高圉)
목(穆) 태왕(太王)		소(昭) 조감(組紺)
목(穆) 문왕(文王)		소(昭) 왕계(王季)

소왕 때의 7묘

	후직(后稷)	
목(穆) 태왕(太王)		소(昭) 왕계(王季)
목(穆) 문왕(文王)		소(昭) 무왕(武王)
목(穆) 성왕(成王)		소(昭) 강왕(康王)

성왕 때의 7묘

	후직(后稷)	
목(穆) 아어(亞圉)		소(昭) 조감(組紺)
목(穆) 태왕(太王)		소(昭) 왕계(王季)
목(穆) 문왕(文王)		소(昭) 무왕(武王)

穆王時七廟

后稷

昭	穆
王季	文王
武王	成王
康王	昭王

懿王時八廟

后稷

世室 文王

昭	穆
武王	成王
康王	昭王
穆王	共王

共王時七廟

后稷

昭	穆
武王	文王
康王	成王
穆王	昭王

孝王時九廟

后稷

世室	世室
武王	文王

昭	穆
康王	成王
穆王	昭王
懿王	共王

의왕 때의 8묘

	후직(后稷)	
세실(世室) 문왕(文王)		
목(穆) 성왕(成王)		소(昭) 무왕(武王)
목(穆) 소왕(昭王)		소(昭) 강왕(康王)
목(穆) 공왕(共王)		소(昭) 목왕(穆王)

목왕 때의 7묘

	후직(后稷)	
목(穆) 문왕(文王)		소(昭) 왕계(王季)
목(穆) 성왕(成王)		소(昭) 무왕(武王)
목(穆) 소왕(昭王)		소(昭) 강왕(康王)

효왕 때의 9묘

	후직(后稷)	
세실(世室) 문왕(文王)		세실(世室) 무왕(武王)
목(穆) 성왕(成王)		소(昭) 강왕(康王)
목(穆) 소왕(昭王)		소(昭) 목왕(穆王)
목(穆) 공왕(共王)		소(昭) 의왕(懿王)

공왕 때의 7묘

	후직(后稷)	
목(穆) 문왕(文王)		소(昭) 무왕(武王)
목(穆) 성왕(成王)		소(昭) 강왕(康王)
목(穆) 소왕(昭王)		소(昭) 목왕(穆王)

朱子曰如劉歆之說則周自武王克商即增立二廟於二昭二穆之上以祀高圉亞圉如前遞遷至于懿王而始立文世室於三穆之上至孝王時始立武世室於三昭之上此爲少不同耳或問諸說孰是曰前代說者多是劉歆愚意其或然也又語錄曰歆說較是他謂宗不在七廟中者恐有功德者多則占了七廟數也趙氏曰從諸儒說則王者不過立親廟四與太祖爲五其與諸侯五廟又何別乎商書已云七世之廟可以觀德則自昔有七廟矣又按記王制註周制天子七廟殷則六廟契及湯與二昭二穆夏則五廟無太祖禹與二昭二穆而已其說異同若祖宗功德之說考諸商之三宗周之世室見之經典皆有明文三宗謂祖甲太戊高宗也祖功宗德自有公論不以揀擇爲嫌

朱子曰："如劉歆之說，則周自武王克商，卽增立二廟於二昭二穆之上，以祀高圉、亞圉，如前遞遷，至於懿王，而始立文世室於三穆之上，至孝王時，始立武世室於三昭之上。此爲少不同耳。"

曰："然則諸儒與劉歆之說孰爲是？"曰："前代說者多是劉歆。愚亦意其或然也。"

問："漢諸儒所議禮如何？"曰："劉歆說得較是。他謂宗不在七廟中者，謂恐有功德者多，則占了那七廟數也。"

若從諸儒之說，則王者不過立親廟四與太祖爲五，其與諸侯五廟又何別乎？『商書』已云"七世之廟，可以觀德"，則自昔有七廟矣。又按記『記』「王制」"註周制天子七廟，殷則六廟契及湯與二昭二穆，夏則五廟無大祖，禹與二昭二穆而已。"其說異同。

若祖宗功德之說，考諸商之三宗·周之世室見之，經典皆有明文。三宗謂祖甲、太戊、高宗也。祖功宗德，自有公論，不以揀擇爲嫌。

주자가 말하기를, "유흠劉歆의 학설대로라면 주周나라는 무왕武王이 상商(은나라)을 물리치면서부터 바로 두 소묘昭廟와 두 목묘穆廟 위에 두 묘를 더 세워서 고어高圉와 아어亞圉를 제사 지내고, 앞에 말한 것과 같이 번갈아 조천祧遷하였으며, 의왕懿王에 이르러 비로소 문세실文世室을 세 목묘의 위에 세웠고, 효왕孝王 때에 이르러 비로소 무세실武世室을 세 소묘의 위에 세웠다는 것이니 이것이 조금 같지 않을 뿐이다."라고 하였다.

묻기를, "그렇다면 다른 학자들과 유흠의 설명 중에서 어느 것이 옳은가?"라고 하자, 답하기를, "전대에 이 문제에 대해 논하는 사람들은 유흠을 옳다고 하는 경우가 많았다. 나도 생각하기에 그것이 어쩌면 그럴 것 같다."라고 하였다.[86]

묻기를, "한漢나라 여러 학자들이 예禮에 대해 논한 것은 어떻게 평가할 수 있겠는가?"라고 하자, 대답하기를, "유흠이 말한 것이 비교적 옳다. 그가 '종宗은 일곱 묘에 포함되지 않는다'라고 한 것은 공이나 덕이 있는 사람이 많게 되면 그 일곱 묘를 다 차지하게 되는 난점을 의식한 것이다."라고 하였다.[87]

만약 다른 학자들의 학설을 따르게 되면 왕자王者의 경우 친속 관계가 유지되는 묘 넷과 태조의 묘를 합하여 다섯이 되는 데 지나지 않으니 그게 제후의 다섯 묘와 또 무슨 차별이 있겠는가? 『상서尙書』「상서商書」에 이미 "일곱 세대의 묘로 그 덕德을 살필 수 있다"라고 하였으니 옛날부터 일곱이 있었던 것이다.[88] 또 『예기禮記』「왕제王制」의 주注를 살펴보면, "주周나라 제도는 일곱 묘였고, 은殷나라는 여섯 묘이었으니 설契과 탕湯 그리고 두 소묘와 두 목묘이었으며, 하夏나라는 다섯 묘이었으니 태조는 없이 우禹와 두 소묘와 두 목묘이었을 뿐이다."라고 하였다.[89] 그 설이 다르다. 조祖과 종宗을 공과 덕으로 구분하는 설은 상商나라의 세 종宗과 주周나라의 세실世室로 살펴보면 알 수 있으며 경전에 모두 명백한 글이 있다. 세 종宗이란, 조갑祖甲·태무太戊·고종高宗을 말한다. 조祖를 공이 있는 분으로 정하고 종宗을 덕이 있는 분으로 정하는 것은 본래 공론이 있는 것이니 후손과 신하가 간택을 한다고 거리낄 것이 없다.[90]

五祀奧設之圖

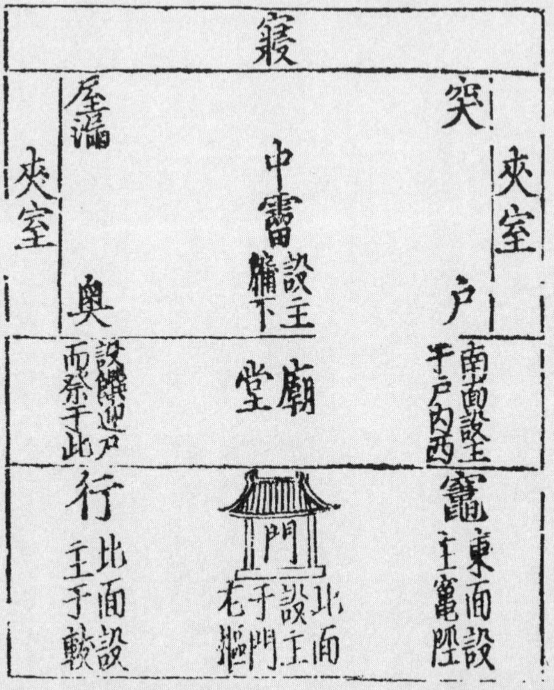

與其媚於奧寧媚於竈朱子曰凡祭五祀皆先設主而祭於其所然後迎尸而祭於奧畧加祭宗廟之儀如祀竈則設主於竈陘祭畢而更設饌於奧以迎尸也

按月令春三月其祀戶鄭註云春陽氣出祀之於戶內陽也祀戶之禮南面設主于戶內之西而祭之既徹更設饌迎尸

오사에 제사를 지낼 때 오에 제사상을 차려 놓는 것에 대한 그림

五祀奧設之圖

于奥畧如祭宗廟之儀夏三月其祀竈夏陽氣盛熱於外祀
之於竈從熱類也竈在廟門外之東其祭先設席於門之奥
東面設主於竈陘如祀户之禮中央土其祀中霤中霤猶中
室也土主中央而神在室祭則設主於牖下亦如祀户之禮
秋三月其祀門秋陰氣出祀之於門外陰也祭則北面設主
于門左樞如祭竈之禮冬三月其祀行冬陰盛寒於水祀之
於行從辟除之類也行在廟門之外為軷祭則北面設主於
軷如祀門之禮[軷音跋道祭也壤厚二寸廣五尺輪四尺祭則設主于上]
按霤說文屋水流也徐曰屋簷滴雨為霤如中霤乃此霤字
中庭也從广從留通作霤儀禮有東霤又有門內霤中霤中
宮神名古者室有複穴皆開其上以取明雨則霤之後因名
室之中庭為中霤以其居中故為土神杜預曰土正勾龍在
家則主中霤在野則為社

“與其媚於奧, 寧媚於竈。” 朱子曰 : “凡祭五祀, 皆先設主而祭於其所, 然後迎尸而祭於奧, 略如祭宗廟之儀。如祀竈, 則設主於竈陘, 祭畢而更設饌於奧, 以迎尸也。”

『논어』에 “오奧(방의 서남쪽 귀퉁이)에 잘 보이느니 차라리 조竈(부엌 내지 조왕신)에 잘 보이는 것이 낫다”라고 하였는데,[91] 주자가 말하기를, “무릇 다섯 사祀에 제사를 지낼 때 모두 먼저 신주를 세우고 해당 장소에서 제사를 지낸 뒤에 시동尸童을 맞이하여 오奧에서 제사를 지낸다. 예를 들어 조왕신에게 제사 지낼 때는 부엌 살강에 신주를 세우고 제사가 끝난 뒤에 다시 오奧에 제사상을 차려 시동을 맞이한다.”라고 하였다.[92]

按『月令』“春三月其祀戶” 鄭注 : “春陽氣出, 祀之於戶內, 陽也。祀戶之禮, 南面設主於戶內之西而祀之, 既徹, 更設饌迎尸於奧, 略如祭宗廟之儀。” “其祀竈” : “夏陽氣盛熱於外, 祀之於竈, 從熱類也。竈在廟門外之東, 其祭先設席於門之奧, 東面設主於竈陘, 如祀戶之禮。” “中央土, 其祀中霤” : “中霤猶中室也。土主中央, 而神在室。祭則設主於牖下, 亦如祀戶之禮。” “秋三月, 其祀門” : “秋陰氣出, 祀之於門外, 陰也。祭則北面設主於門左樞, 如祭竈之禮。” “冬三月, 其祀行” : “冬陰盛寒於水, 祀之於行, 從辟除之類也。行在廟門之外爲軷, 祭則北面設主於軷, 如祀門之禮。" 〈軷音跋, 道祭也。壤厚二寸廣五尺輪四尺。祭則設主於上。〉

按 "霤" 『說文』: "屋水流也。" 徐曰 : "屋簷滴雨爲霤。" 如中霤乃此 "廇" 字。中庭也。從廣從留。通作霤。『儀禮』有 "東霤", 又有 "門內霤"。中霤, 中宮神名。古者室有複穴, 皆開其上, 以取明, 雨則霤之。後因名室之中庭爲中霤。以其居中, 故爲土神。杜預曰 : "土正勾龍, 在家則主中霤, 在野則爲社。"

살펴보건대, 『예기禮記』「월령月令」에 "봄 석 달은 그 제사가 호戶(문)이다"라고 하였는데, 정현鄭玄의 주注에 이르기를, "봄에는 양기陽氣가 나오니, 호戶 안에서 제사를 지낸다. 거기가 양지이기 때문이다. 호戶에 제사를 지내는 예는 남면으로 호戶 안의 서쪽에 신주를 세우고, 철상하고 나서는 다시 제사상을 차려서 오奧로 시동을 맞이하니, 대략 종묘宗廟에 제사를 지내는 의식과 비슷하다."라고 하였다.[93] 그리고 "그 제사는 조竈이다"라고 한 구절에 대해서는 "여름에는 양기가 성하여 바깥보다 더우니 조竈(부엌)에서 제사를 지낸다. 더운 부류임에 착안한 것이다. 조竈는 묘문廟門 밖의 동쪽이다. 그 제사는 먼저 문의 오奧에 자리를 깔고 동면하여 부엌 살강에 신주를 세우며, 호戶에 제사를 지내는 예와 동일하다."라고 하였다.[94] 그리고 "중앙은 토土인데, 그 제사는 중류中霤이다"라는 구절에 대해서는 "중류中霤는 곧 실室의 중앙이다. 토土는 중앙을 주관하니 신神

이 실室에 있다. 제사를 지낼 때는 유牖(창문) 아래에 신주를 설치하며, 호戶에 제사를 지내는 예와 동일하다."라고 하였다.[95] 그리고 "가을 석 달은 그 제사가 문門이다"라는 구절에 대해서는, "가을은 음기陰氣가 나오니 문밖에서 제사를 지낸다. 음지이기 때문이다. 제사는 북면하여 문의 좌측 지도리에 신주를 세우며, 조竈에 제사를 지내는 것과 동일하다."라고 하였다.[96] "겨울 석 달은 그 제사가 항行(길)이다."라는 구절에 대해서는 "겨울은 음기가 성하여 물보다 추우니 항行에서 제사를 지낸다. 벽제辟除하는 부류[97]임에 착안한 것이다. 항行 제사는 묘문廟門의 밖에 발軷을 만들고, 제사를 지낼 때 북면하여 발軷에 신주를 세우며, 문에 제사를 지내는 예와 동일하다"라고 하였다.[98] 〈발軷은 음이 '발跋'이고, 길 제사이다.[99] 흙을 두께 2촌, 넓이 5척, 둘레 4척을 쌓은 것이며, 제사 지낼 때 그 위에 신주를 세운다.[100]〉

살피건대 "류霤"에 대해 『설문說文』에서 "지붕의 물이 흘러내린 곳이다."라고 하였고, 서개徐鍇는 "지붕 처마의 빗물 떨어지는 곳이 류霤이다"라고 하였다.[101] '중류中霤'라는 명칭의 경우 이 '류廇'자이니 중정中庭이다. '엄广'과 '류留'로 구성된 글자이며 '류霤'자로 통용해서 쓴다. 『의례儀禮』에는 '동류東霤'라는 구절이 있고,[102] 또 '문 안의 류霤'라는 구절이 있다.[103] 중류中霤는 중궁신中宮神의 이름이다. 옛날에 실室에는 '복혈複穴(지붕에 만든 구멍)'이라는 것이 있었는데 모두 그 위를 열고 햇빛을 취하였고 비가 오면 물이 흘렀다. 뒤에는 실室의 중정中庭을 중류中霤라고 이름지었다. 그것이 중앙에 있기 때문에 토신土神이 되는 것이다. 두예杜預는 "토정土正(토지신)은 구룡勾龍[104]인데, 집에 있을 때는 중류中霤를 주관하고, 들에 있을 때는 사社가 된다."라고 하였다.[105]

社稷壇制

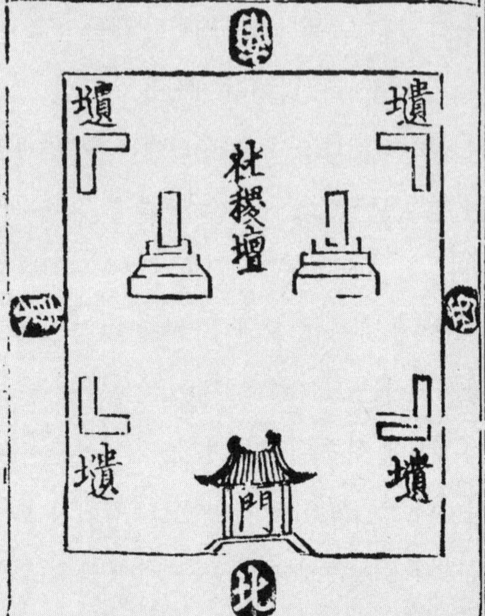

孟子盡心下民爲貴社稷次之集註社土神稷穀神建國則立壇壝以祀之

周禮大司徒辨其邦國都鄙之數制其畿疆而溝封之設其社稷之壝而樹之各以其所宜木壝者累土以爲高也不屋而壇社在東稷在西壝音唯卽土埒也亦音惟

사직단 제도에 대하여

社稷壇制

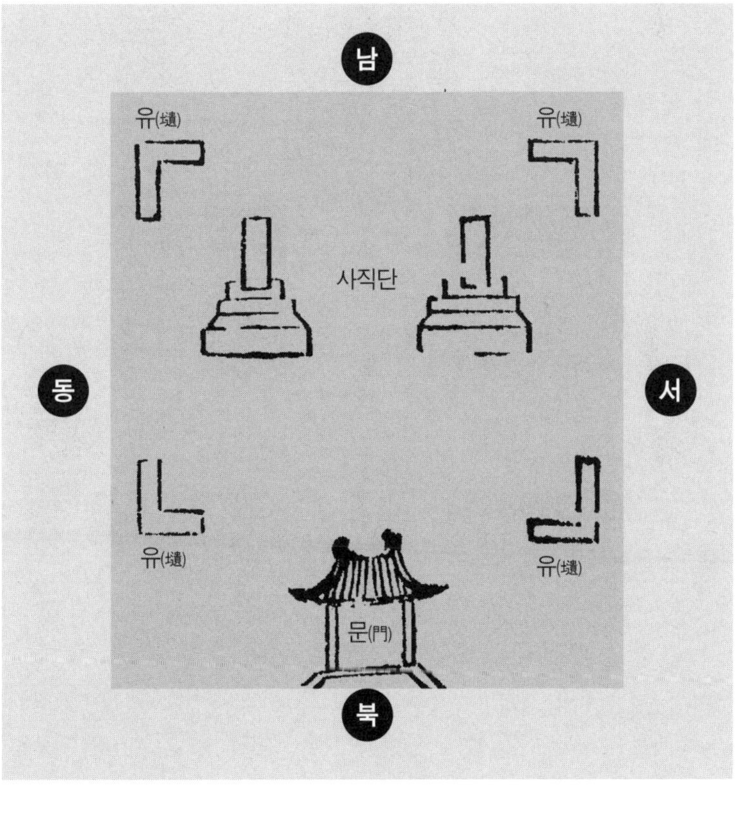

사서장고 은괄총요

『孟子』「盡心下」“民爲貴, 社稷次之。”『集注』: “社, 土神 ; 稷, 穀神。建國則立壇壝以祀之。”

『周禮』「大司徒」“辨其邦國都鄙之數, 制其畿疆而溝封之, 設其社稷之壝而樹之, 各以其野之所宜木。” 壝者, 累土以爲高也, 不屋而壇。社壇在東, 稷壇在西。壝音唯, 即土埒也。亦音惟。

『맹자孟子』「진심장구하盡心章句下」의 “백성이 귀하고, 사직社稷이 그 다음이다.”라는 구절에 대한 주자의 『집주集注』에, “사社는 토지신이고, 직稷은 곡식신이다. 나라를 세우면 단유壇壝를 세워 제사지낸다.”라고 하였다.

『주례周禮』「대사도大司徒」에 이르기를, “그 나라 도都와 비鄙의 숫자를 구별하며, 기내畿內의 경계를 제정하여 도랑을 파고 흙을 쌓아 표시하고 사직社稷의 제단을 세우고 나무를 심는데 각각 그들에 알맞은 나무로 정한다.”라고 하였는데,[106] 유壝란 흙을 쌓아 높이 만든 것이고, 지붕을 만들지 않고 단壇만 있는 것이다. 사단社壇은 동쪽에 있고, 직단稷壇은 서쪽에 있다.[107] 유壝의 음은 ‘유唯’이니, 곧 흙을 쌓은 것이다. 또 다른 음은 ‘유惟’이다.

文公社稷祭儀

州縣社壇方二丈五尺出四陛稷壝如社壇之制社以石為主其形如鐘長二尺五寸方一寸剡其上培其下半四門同一壝二十五步壇飾各隨方色上蓋以黄土瘞坎於壇之北壬地南出陛方深取足容物右出政和五禮新儀纂二十一卷淳熙中間有印本頒行州郡法司必有知可更檢看又以行事儀考之二壇東西相並坐南向北社壇石主在壇上之南方北門壝外令稍寬可容獻官席位空地之北乃作

문공의 사직단 제의

文公社稷祭儀

州縣社壇, 方二丈五尺, 高三尺, 四出陛。稷壝如社壇之制。〈社以石爲主, 其形如鐘, 長二尺五寸, 方一寸, 剡其上, 培其下半。〉四門同一壝, 二十五步。〈壇餙各隨方色, 上蓋以黃土。〉瘞坎於壇之北壬地, 南出陛, 方、深取足容物。〈右出『政和五禮新儀』第二十一卷。淳熙中曾有印本放行, 州郡法司必有之, 可更檢看。又以行事儀考之, 二壇東西相竝, 坐南向北。(社壇石主在壇上之南方。) 北門壝外空地須令稍寬, 可容獻官席位。空地之北乃作齊廳, 以備風雨設獻官位。(獻官南向行事。)〉

州縣社壇方二丈五尺 〈四步, 今每步六分之一。○ 凡言方者皆徑也。此言方二丈五尺者, 從東至西二丈五尺, 從南至北二丈五尺也。○ 後段壝內二十五步, 其說亦然。〉

高三尺 〈旣言壇高三尺, 又言壇分三級, 則是以一尺爲一級也。〉

四出陛 〈此陛之級卽壇之級也, 但於四面陛之兩傍各以石砌作慢道隔斷, 使其中爲陛級, 外爲壇級可也。〉

齋廳以備風雨設望官位敍官廟向行事**州縣社壇方二丈五尺。**四步令每步六分之一凡言方者皆徑也此言方二丈五尺者從東至西二丈五尺從南至北二丈五尺也。後改壝內二十五步其說亦然**高三尺**既言壇高三尺又言壇分三級則是以一尺爲一級也**四出陛**此陛之級即壇之級也但於四面陛之兩傍各以石砌作慢道隔斷使其中爲陛級外爲壇級何也**社主**舊法惟社有主而稷无主不曉其意恐不可以己意增一涂其容壇上之南方亦壇之中也蓋神位坐南向此而祭器設於神位之北故此社主當壇上南陛之上更宜詳考舊作圖子使可見若在壇中央即无設祭處矣**四門同一壝二十五步**壝方二十五步者亦是徑二十五步謂從東至西二十五步從南至北二十五步以丈計之六尺爲步則爲十五丈地四角築土爲壝高三尺許使壝與齋廳相望得見壝上不用屋蓋但以塼兩面砌之使其走水尤爲堅固四門當中開門古法不言廣狹一頭廣闊一丈餘庶幾行礼執事之人往來寬展不相妨礙兩傍各立一華表高一丈許上以橫木貫之如人門之狀須更依此步數丈數界作方眼中間以帋剪作兩壇貼之便見四面壇陛取壝丈數但壝面二丈五尺乃最上一級之數下面更兩級一級須展一尺即壇趾須徑二丈九尺**瘞坎於壇之北壬地南出陛方深取足容物**瘞坎在壇北壬地各用磚石砌作一小天井深闊三四尺許其南作踏道上下開時以土實之臨祭取去土掃令潔淨祭畢使人持幣及祝板之屬從踏道下送入坎中然後下土築實依例差人守視**燎壇**古者祭天以燔燎祭地以瘞埋來喻所云燎壇爲風師雨師雷師設者是也古今礼制社稷風雨雷神各有壇又各有方位社稷於西方風師東北雨雷東南今州縣亦皆別有壇但方位多不合古耳已上並文公答問語社主〈舊法惟社有主而稷無主, 不曉其意。恐不可以己意增添。其言壇上之南方, 非壇之中也。蓋神位坐南向北, 而祭器設於神位之北, 故此石主當壇上南陛之上。更宜詳考。畫作圖子便可見。若在壇中央, 卽無設祭處矣。〉

四門同一壝, 二十五步。〈壝方二十五步者, 亦是徑二十五步, 謂從東至西二十五步, 從南至北二十五步。以丈計之, 六尺爲步, 則爲十五丈也。四角築土爲壝, 高三尺許, 使壇上與齋廳相望得見。壝上不用瓦, 蓋但以磚兩面砌之, 使其走水, 尤爲堅固。四門當中開門, 古法不言闊狹, 恐須闊一丈餘, 庶幾行禮執事之人往來寬展, 不相妨礙。兩旁各立一華表, 高一丈許, 上以橫木貫之, 如門之狀。須更依此步數丈數界作方眼, 中間以紙剪作兩壇貼之, 便見四面壇腳取壝丈數。但壇面二丈五尺乃最上一級之數, 下面更兩級, 一級須展一尺, 卽壇腳須徑二丈九尺。〉

瘞坎於壇之北壬地, 南出陛, 方、深取足容物。〈瘞坎在壇之北壬地, 各用磚石砌作一小天井, 深、闊三四尺許, 其南作踏道上下。閑時以土實之, 臨祭卽令人取去土, 掃令潔淨。祭畢卽使人持幣及祝版之屬從踏道下, 送入坎中, 然後下土築實, 依條差人守視。〉

燎壇〈古者祭天以燔燎, 祭地以瘞埋。來喩所云燎壇爲風師、雨師、雷師設者, 是也。古今禮制, 社、稷、風、雨、雷神各有壇, 又各有方位。社稷於西方, 風師於東北, 雨、雷於東南。今州縣亦皆別有壇, 但方位多不合古耳。已上, 並文公答問語。〉

주현州縣의 사단社壇(토지신 제단)은 지름[方] 2장丈 5척尺이고 높이가 3척이며 [illegible]

四書章圖隱栝總要

도와 같다. 〈사社는 돌을 위주로 하고 그 형태는 종과 같으며 길이가 2척 5촌이고 지름이 일촌이다. 윗부분을 뾰족하게 하고 하반부를 배로 북돋운다.〉 네 문에 동일한 유壝를 만들되 25보이다. 〈단壇의 장식은 각각 그 방위의 색깔에 따라 다르고 위쪽은 황토로 덮는다.〉 예감瘞坎[108]은 단의 북쪽 임방壬方의 땅에 만들고, 남쪽으로 섬돌을 내는데, 넓이와 깊이가 물건을 넣기에 충분하게 한다. 〈위의 내용은『정화오례신의政和五禮新儀』[109] 제21권에 나오며 순희淳熙(1174-1189) 연간에 인쇄된 판본이 반행된 적이 있어서 주군州郡의 법사法司(사법을 맡은 관리)에게 반드시 남아 있을 것이니 다시 검토해 볼 수 있을 것이다. 또 행사의行事儀(행사 규정)로 고찰해 보면, 두 단壇이 동쪽과 서쪽에 나란하며 남쪽에 자리하여 북쪽을 향한다. (사단社壇의 석주石主(돌로 만든 신주)는 단 위의 남쪽에 있다.) 북문 유壝 바깥의 공터는 조금 넓게 하여 헌관獻官의 자리를 둘 수 있게 한다. 공터의 북쪽에는 제청齊廳을 두어서 비바람에 대비하고 헌관의 자리를 둔다. (헌관은 남향하여 일을 진행한다)〉

주현州縣의[110] 사단社壇은 지름[方] 2장 5척이다. 〈4보步이니, 지금 매 보의 6분의 1이다. ○ '방方'이라고 말하는 것은 모두 지름이다. 여기서 '지름 2장 5척이라고 말한 것은 동쪽부터 서쪽까지 2장 5척이고, 남쪽부터 북쪽까지 2장 5척이라는 말이다. ○ 뒷단락에 '유壝 안은 25보步'라고 한 것도 그 말이 또한 이러하다.〉

높이 3척이다. 〈이미 단壇의 높이가 3척이라고 하고, 또 단은 세 층으로 나뉜다고 하였으니, 1척으로 한 층을 삼은 것이다.〉

사방에 섬돌을 낸다. 〈이 섬돌의 층계는 곧 단壇의 층계이다. 단지 사면으로 난 섬계의 양옆에 각각 돌계단으로 느린 길을 만들어서, 서로 떨어져

그 안은 섬돌의 층계가 되고 밖은 단의 층계가 되도록 하면 된다.〉

신주社主〈옛날 법에는 오직 사社만 신주가 있고, 직稷은 신주가 없었는데 그 의미를 알지 못하겠다. 자기의 생각대로 늘이고 보태서는 안 될 듯하다. 단 위의 남쪽이라고 말한 것은 단의 중앙이 아니라는 의미이다. 대개 신위는 남쪽에 자리하여 북쪽을 바라보고 제기는 신위의 북쪽에 차린다. 그렇기 때문에 이 돌로 된 신주는 단 위의 남쪽 섬돌 위에 놓이게 된다. 다시 상세히 고찰해서 그림으로 그리면 볼 수 있을 것이다. 만약 단의 중앙에 있는 것이라면 제사를 지낼 곳이 없게 된다.〉

네 문에 동일한 유壝를 만들되 25보이다.〈유壝의 '방方이 25보'라는 것은 또한 지름이 25보인 것이니 동쪽에서 서쪽까지 25보, 남쪽에서 북쪽까지 25보이다. 라는 의미이다. 장丈으로 계산하면 6척이 1보步이니 15장이다. 네 모퉁이에 흙을 쌓는 것이 유壝인데 높이가 3척 남짓이고 단 위와 재청齋廳이 서로 바라볼 수 있게 하였다. 유壝 위에 기와를 사용하지 않는 것은 대개 단지 벽돌로 양면을 쌓아 물의 흐름을 더욱 견고하게 한 것이다. 네 문은 가운데에 문을 낸다. 옛 법에 넓이에 대해 말하지 않았는데 1장丈 남짓으로 해서 예를 행하고 이를 집행하는 사람이 오가며 넓게 펼쳐도 서로 방해되지 않게 해야 할 듯하다. 양쪽 곁에 각각 화표華表(묘 앞의 문이나 망주석) 하나씩을 세우는데, 높이는 1장 남짓이고 위에는 가로지른 나무로 연결시켜서 마치 문의 모양처럼 만든다. 반드시 다시 이 보步의 수치와 장丈의 수치에 의거해서 경계를 지어 방안方眼을 만들고 중간에는 종이를 잘라 두 단을 만들어 붙여 보면 네 면의 단각壇脚이 유壝를 몇 장丈이나 취하는지 볼 수 있을 것이다. 다만 단면壇面은 2장 5척이 가장 위 층계의 수치이고, 아래에 다시 두 층계가 있는데 한 층계는 1척씩 펴지니 단각壇脚은 지름이 2장 9척이어야

한다.〉

예감瘞坎은 단의 북쪽 임방壬方의 땅에 만들고, 남쪽으로 섬돌을 내는데, 넓이와 깊이가 물건을 넣기에 충분하게 한다. 〈예감瘞坎은 단의 북쪽 임방의 땅에 있고, 각각 벽돌을 쌓아 작은 천정天井 하나를 만드는데, 깊이와 넓이는 3, 4척 정도로 하며 그 남쪽에 층계를 만들어 오르내린다. 평소에는 흙으로 채워 두고, 제사를 지낼 때 사람을 시켜 흙을 걷어 내고 청소해서 깨끗하게 하며, 제사가 끝나면 사람을 시켜 폐백과 축판祝版(축문을 쓴 판) 같은 것을 가지고 층계를 통해 내려가서 구덩이 속에 들여보낸 뒤에 흙을 부어 단단히 쌓고 조문에 의거하여 사람을 보내 지키게 한다.〉

요단燎壇 〈옛날 하늘에 제사 지낼 때는 화톳불을 피워서 하였고, 땅에 제사 지낼 때는 구덩이에 묻어서 하였다. 보내신 편지에서 '요단燎壇은 풍사風師·우사雨師·뇌사雷師를 위해 세우는 것이라고 한 것이 이것이다. 고금의 예제禮制에 사社·직稷·풍風·우雨·뇌雷의 신이 각각 단壇이 있고 또 각각 방위가 있었다. 사社와 직稷은 서쪽에, 풍사風師는 동북쪽에, 우사雨師와 뇌사雷師는 동남쪽에 있었다. 지금 주현州縣도 또한 별도로 단壇을 세우고 있는데 다만 방위가 옛날과 맞지 않는 것이 많을 뿐이다.[111]〉 이상의 내용은 모두 문공文公(주자)의 문답에 나오는 말이다.[112]

國圖

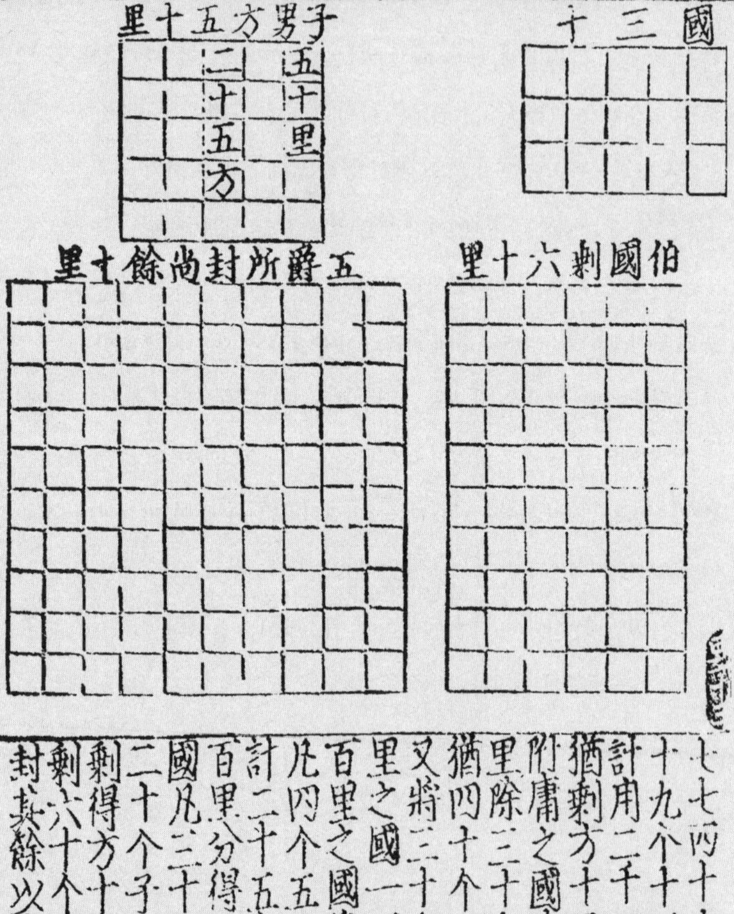

七七四十九每一國用四十九个十里以六十國通計用二千四百九十个外猶剩方十里者六十个為附庸之國先餘七十个百里除三十个分封此伯國猶四十个百里存在又將三十个百里為五十里之國一百二十个一个百里之國為五十里之國凡四个五五二十五每國計二十五个十里以十个百里分得四十个五十里國凡三十个百里剩得百二十个子男之國外猶總剩得方十里者一个并計剩六十个名山大川不以封其餘以為附庸間田

商建

州	州	州
州	王畿	州
州	州	州

此公侯之國方百里者三十
此伯之國方七十里者九
六十國計二千九百四十
里附庸
此子男之國方百里者三
十為五十里之國一百二
十國
附附附附附附附附附
庸庸庸庸庸庸庸庸庸

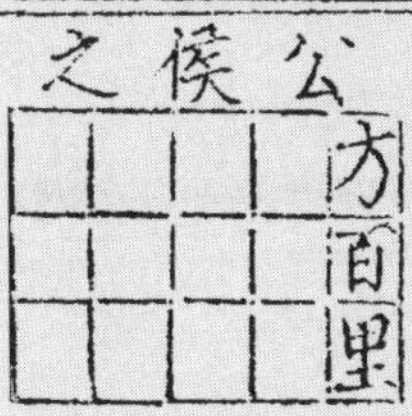

餘此一十里

按馬希孟解曰九州方千里者九其一為王畿八州各方千里以開方之法計之蓋万里也州建百里之餘國三十為方百里者三十六公侯之國也七十里之國十六十為方百里者二十有里哥伯之國也五十里之國百有二十為方百里者三十子男之國也合一州而計之建二百二十國封地八千九百四十里猶餘一千六十里為附庸地方千里為一百个方百里內除三十个百里為公侯之國猶有七十个百里存在又將二十个百里為方十里建七十里之國六十个

상나라가 각층의 제후국들을 세운 것에 대한 그림

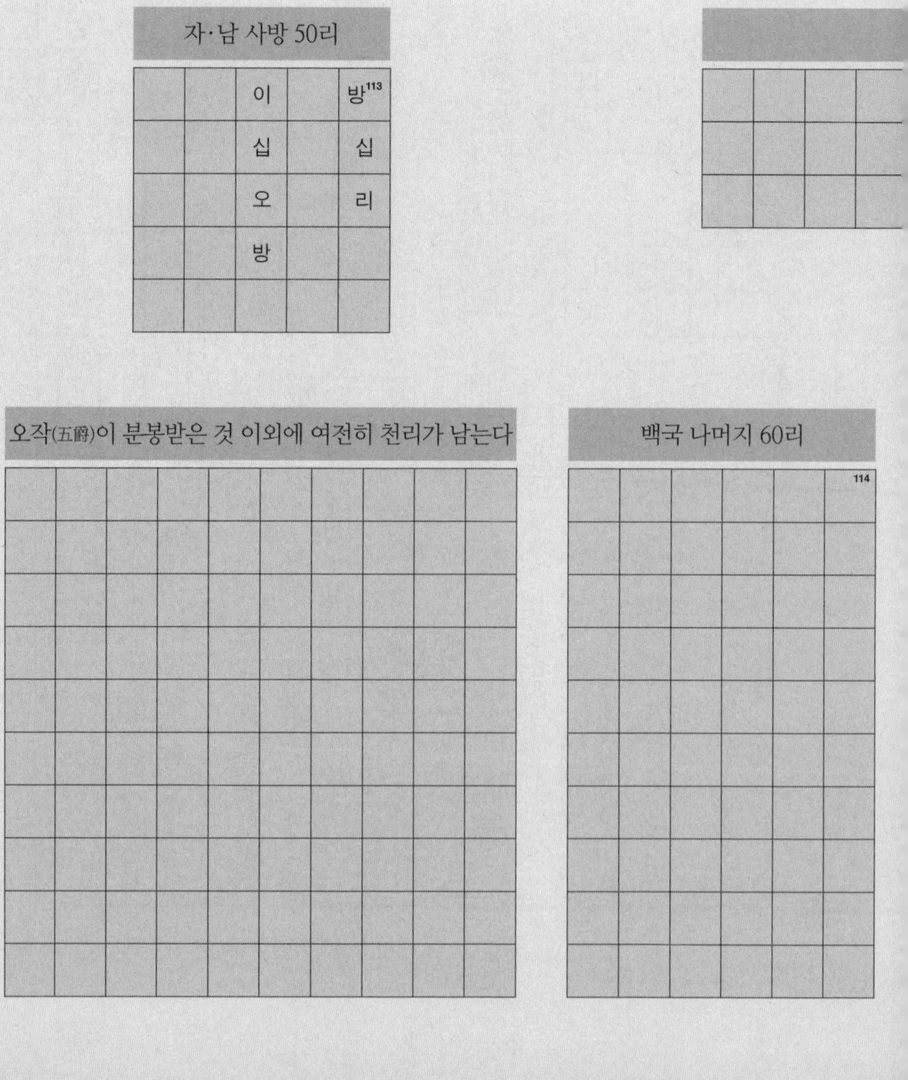

商建國圖

공과 후의 국가 30

			방
			백
			리[115]

백국 사방 70리

				사		방
				십		십
				구		리[116]
				방		

주(州)	주(州)	주(州)
주(州)	왕기(王畿)	주(州)
주(州)	주(州)	주(州)

나머지 60[117] 리

부용	십	십인	이것은	리이다	육	이것은		십이다	이것은
부용	국이다.	것은	자(子)		십	백(伯)			공(公)
부용		오	남(男)		국이고	의			후(侯)
부용		십	의		합계	나라이다.			의
부용		리	나라이다.		이	사방			나라이다.
부용		의	사방		천	칠			사방
부용		나라가	백		구	십			백
부용		일	리인		백	리인			리인
부용		백	것이	부	사	것이			것이
부용		이	삼	용	십	모두			삼

나머지 60리

按馬希孟『解』曰 : “九州方千里者九, 其一爲王畿, 八州各方千里。以開方之法計之, 蓋萬里也。州建百里之國三十, 爲方百里者三十, 公侯之國也 ; 七十里之國六十, 爲方百里者二十有奇, 伯之國也 ; 五十里之國百有二十, 爲方百里者三十, 子男之國也。合一州而計之, 建二百二十國, 封地八千九百四十里, 猶餘一千六十里爲附庸。

地方千里爲一百個方百里, 內除三十個百里爲公侯之國, 猶有七十個百里存在。

又將三十個百里爲方十里, 建七十里之國六十個, 七七四十九, 每一國用四十九個十里。以六十國通計, 用二千四百九十個外, 猶剩方十里者六十個爲附庸之國, 先餘七十個百里, 除三十個分封此伯國, 猶四十個百里存在。

又將三十個百里爲五十里之國一百二十個, 一個百里之國爲五十里之國凡四個, 五五二十五, 每國計二十五個十里。以十個百里, 分得四十個五十里國。凡三十個百里, 制得百二十個子男之國外, 猶總剩得方十里者一個, 並前剩六十個名山大川不以封, 其餘以爲附庸閒田。”

살피건대 마희맹馬希孟[118]의 『예기해禮記解』서 이렇게 말하였다. “구주九州(당시 관념상의 중국 영토)에 사방 천리인 곳이 아홉이고, 그중 하나가 왕기王畿이며, 여덟 주가 각각 사방 천리이다. 개방開方[119]의 방식으로 계산해 보면 대개 사방 만 리이다. 한 주州에 백리의 나라

30개를 세워 사방 백리인 것이 30인데 공후公侯의 나라이고, 70리의 나라가 60개인데 100리로 환산하면 20여 개이니 백伯의 나라이고, 50리의 나라가 120개인데 사방 백리로 환산하면 30개이니 자남子男의 나라이다. 한 주州를 합하여 계산하면 220개 나라를 세워 8940리를 분봉해 주며 나머지 1060리는 부용附庸의 나라가 된다.[120]

사방 1000리의 땅은 100개의 사방 100리이고, 그중에서 30개의 100리인 공후公侯의 나라를 빼면 여전히 70개의 100리가 존재한다.[121]

또 30개의 100리로 사방 10리씩 만들고, 70리의 나라 60개를 세우면 7 곱하기 7 하여 49인데 한 나라마다 49개의 10리를 쓴다. 60개의 나라로 합계를 내면 2490개를 쓰는 것 이외에 여전히 사방 10리가 남는 것이 60개인데 부용附庸의 나라가 된다. 먼저 70개 100리가 남고, 30개를 이 백伯의 나라에 분봉分封해 준 것을 제외하고도 여전히 40개의 100리가 존재한다.[122]

또 30개 100리를 50리의 나라 120개로 만들어 1개 100리의 나라가 50리의 나라 네 개가 되면, 5 곱하기 5 하여 25이니 나라마다 합계 25개의 10리이다. 10개의 100리를 나누어 40개의 50리 나라를 얻는다. 30개의 100리는 120개의 자남子男 국가가 되는 것을 제외하고 여전히 사방 10리인 것 한 개가 남으며 앞에 남은 60개의 이름난 산과 큰 강과 함께 분봉되지 않는다. 그 나머지는 부용국附庸國의 한전閒田이 된다."[123]

周制王諸侯城郭圖

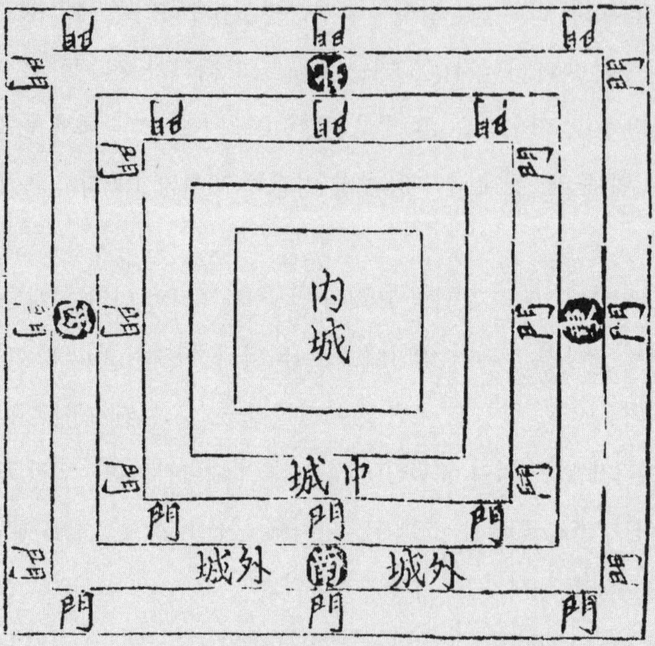

匠人營國方九里蓋王之中城也不然六鄉之民七萬五千家又有士工商在焉則九里之城固不能容矣春秋書城中城說者以爲內城之外又有郭今王城九里則公七里侯伯五里子男三里矣如孟子謂三里之城七里之郭是言子男之城也詳按今次都城之制大畧多從周制而北門獨去其一通十一門云

주나라 제도에서 왕과 제후의 성곽에 대한 그림

周制王諸侯城郭圖

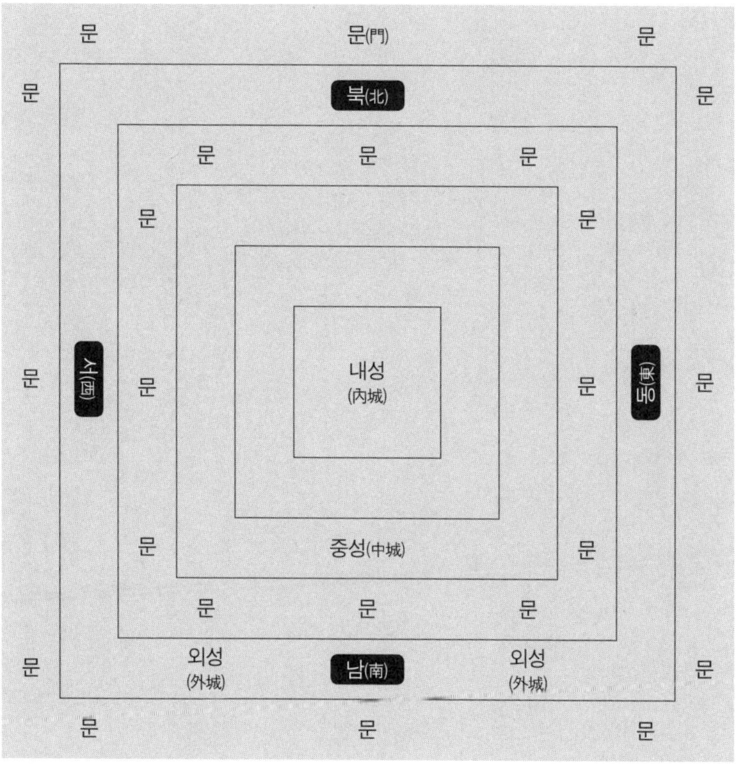

사서장도 은팔총요

"匠人營國方九里", 蓋王之中城也。不然, 六鄉之民七萬五千家, 又有六鄉之民七萬五千家, 又士工商在焉, 則九里之城, 固不能容。「考工記」所言, 乃王之中城歟?『春秋』書 "城中城", 說者以爲內城, 內城之外又有郭。今王城九里, 則公七里, 侯伯五里, 子男三里矣。『孟子』曰 "三里之城, 七里之郭", 是言子男之城也。詳按今次都城之制, 大略多從周制, 而北門獨去其一, 通十一門云。

"장인匠人이 사방 9리의 국國(도성)을 건설한다"라고 하였는데,[124] 대개 왕王(천자)의 중성中城이다. 그렇지 않으면 6향鄕의 백성 75000가家에 또 6향鄕의 백성 75000가가 있고, 또 사士·공工·상商이 있으니 9리의 성城으로는 진실로 다 수용할 수 없을 것이다. 이「고공기考工記」의 내용은 왕의 중성을 말하는 것인가?『춘추春秋』에 "중성中城을 쌓았다"라고 쓴 것에 대해 해석하는 이들이 '그것은 내성內城을 가리키며 내성 밖에 또 성곽이 있다'라고 설명한다. 지금 왕王의 도성이 9리라면 공公의 도성은 7리이고, 후백侯伯의 도성은 5리이며, 자남子男의 도성은 3리이다.『맹자孟子』에 "3리의 성에 7리의 성곽"이라고 하였는데 이것은 자남의 도성이다. 이번 도성의 제도를 상세히 살펴보니, 대략 주나라 제도를 많이 따랐는데 북문을 단지 하나 없애고 11문만 열었다.[125]

周制王國經緯涂軌圖

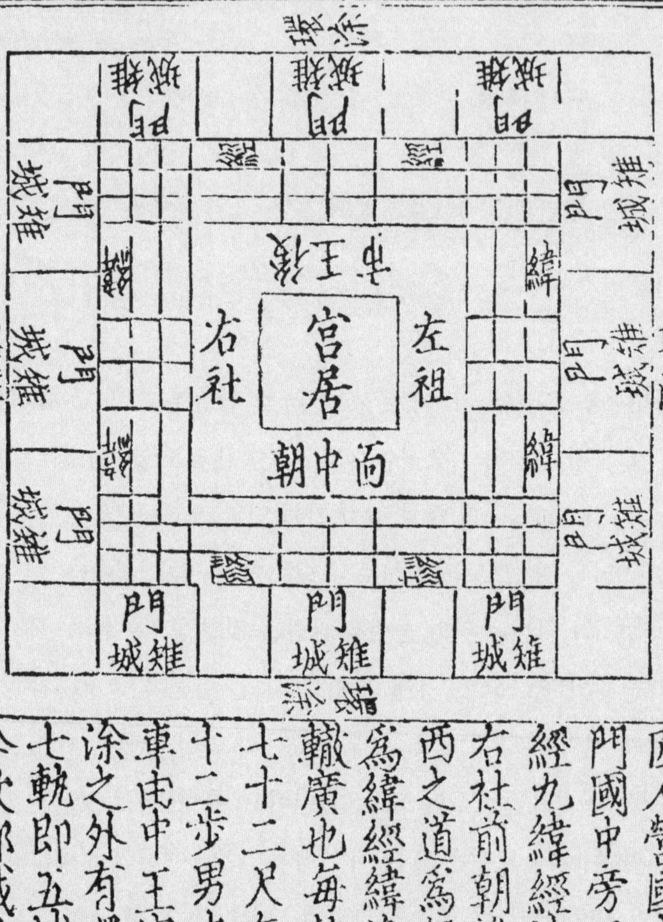

匠人營國方九里旁三門國中旁三門國中九經九緯經涂九軌左祖右社前朝後市注云東西之道爲經南北之道爲緯經緯涂容九軌謂轍廣也每軌八尺九軌七十二尺每涂計廣七十二步男由右女由左車由中王宮居中經經涂之外有環涂、、容七軌即五城外之道也今次都城盡合此

주나라 제도에서 왕국의 경과 위, 도와 궤에 대한 그림

周制王國經緯涂軌圖[126]

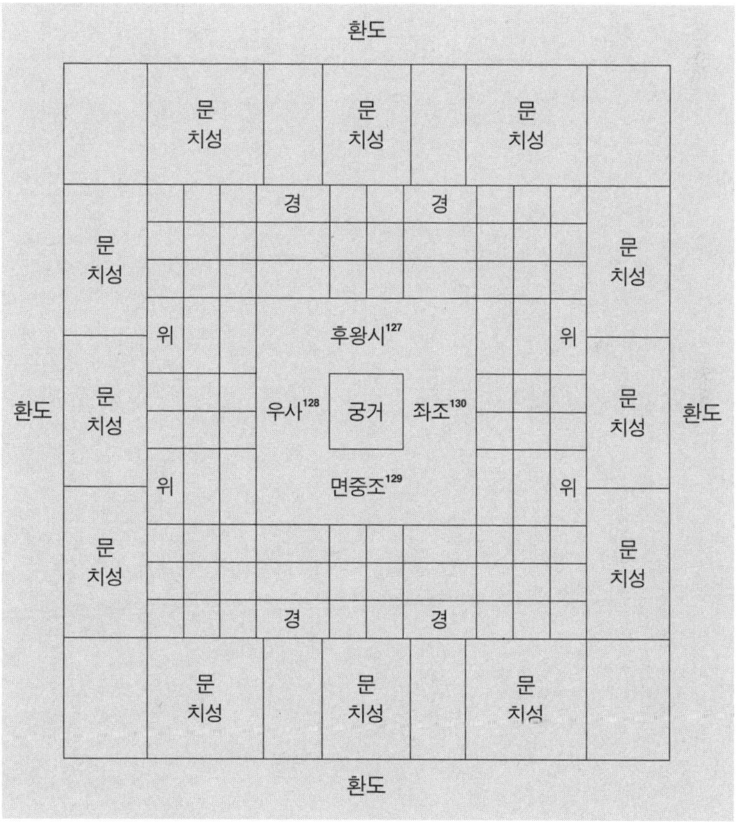

四書章圖

陳栝總要

"匠人營國方九里，旁三門，國中九經九緯，經涂九軌，左祖右社，前朝後市。" 注云 "東西之道爲經，南北之道爲緯。經緯涂容九軌，謂轍廣也。男由右，女由左，車由中。" 王宮居中，經緯[131]涂之外有環涂，涂容七軌，即五城外之道也。今次都城，盡合此。

"장인이 9리의 도성을 건설할 때 사방에 문을 세 개씩 만들고 도성 안에는 아홉 경經과 아홉 위緯가 있으며, 경도經涂(세로로 난 길)에는 아홉 궤도가 있고, 왼쪽에 종묘가 있고 오른쪽에 사직이 있으며, 앞쪽에는 조정이 있고 뒤에는 시장이 있었다."라고 하였는데,[132] 그 주注에 "동서로 난 길이 경經이고 남북으로 난 길이 위緯이다.[133] 경도經涂과 위도緯涂(세로로 난 길)가 아홉 궤도를 수용할 수 있었다. 궤도란 수레바퀴의 넓이이다. 남자는 오른쪽으로 통행하고, 여자는 왼쪽으로 통행하며 수레는 중앙으로 통행한다."라고 하였다. 왕궁은 가운데에 있고, 경도와 위도 밖에 환도環涂(도성을 둘러싼 길)가 있는데 이 길은 일곱 궤도를 수용할 만하니, 오성五城 밖의 길이다. 지금 도성은 전부 이것에 부합한다.

明堂位制

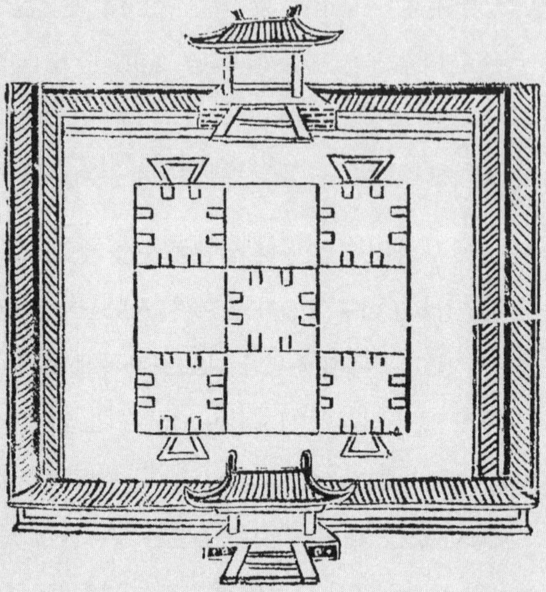

明堂在國之陽三里外七里內丙巳之地東西九筵南北七筵東西凡五室南北亦然上圓法天下方象地八窻象八風四闢法四時九室法九州十二階法十二月三十六户法三十六旬七十二牖法七十二候四廟九室共十三位此周公明堂定制也見礼明堂位詳

명당의 위치에 관한 제도
明堂位制

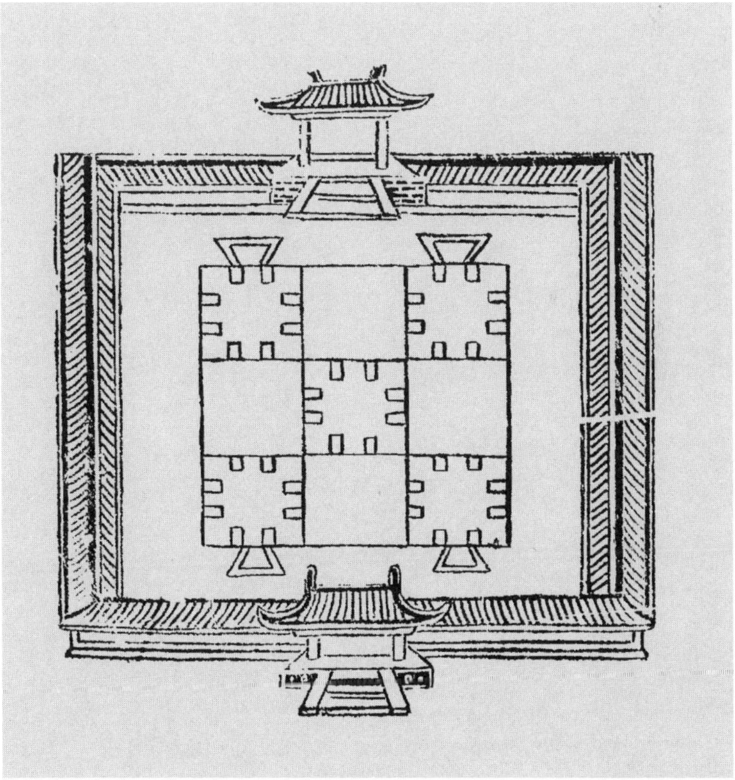

사서장도

은팔총요

明堂在國之陽，三里之外、七里之內、丙巳之地，東西九筵南北七筵，東西凡五室，南北亦然。上圓法天，下方法地，八窓象八風，四闥法四時，九室法九州，十二階法十二月，三十六戶法三十六旬，七十二牖法七十二氣。四廟九室，共十三位。此周公明堂定制也。(見『禮』「明堂位」詳)

명당明堂은 도성의 양지쪽에 있으니, 3리 바깥이고 7리 안쪽인 병사丙巳(남쪽)의 땅이다.[134] 동서로는 9연筵(대나무 돗자리)이고 남북으로는 7연이며,[135] 동서로는 5실이 있고 남북 또한 그러하다. 위는 둥글어서 하늘을 본받은 것이고 아래는 네모나서 땅을 본받은 것이다. 여덟 창은 팔풍八風을 상징하는 것이고, 네 달闥(문)은 사시四時를 본받은 것이며, 아홉 실室은 구주九州를 본받은 것이고, 열두 계단은 12월을 본받은 것이고, 서른여섯 호戶(문)은 36순旬(10일)을 본받은 것이고 72유牖(창)은 72기氣를 본받은 것이다. 네 묘廟에 아홉 실室이며 모두 13위位이다. 이것은 주공周公의 명당明堂에 대한 정해진 제도이다.[136](『예기』「명당위明堂位』에 상세히 보인다.)

天子適諸侯曰巡狩

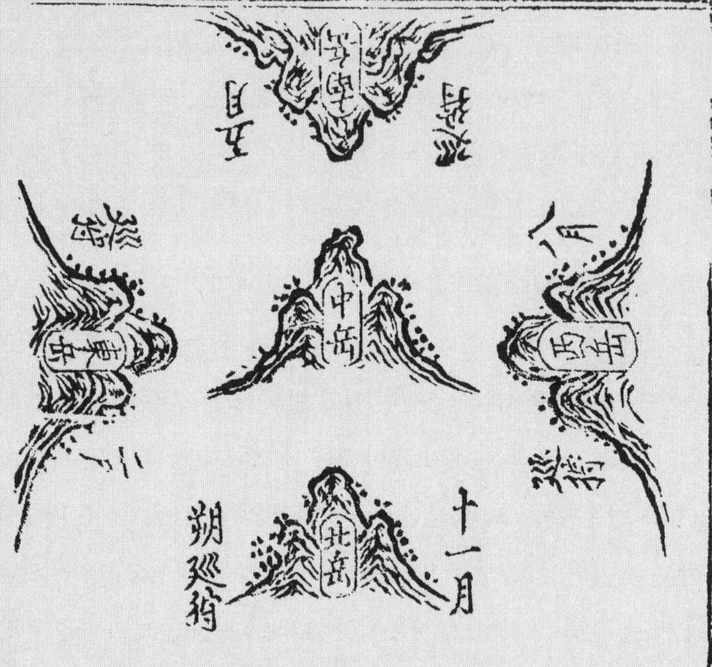

尚書五載一巡狩群后四朝四朝者朝京師巡守之年則朝于方岳之下虞夏之制諸侯歲朝天子五載一巡守周之制侯甸釆衛要服六者各以其服數來朝天子十二歲一巡守巡守者自上察下也述職者自下達上也王十二歲一巡守諸侯六年一朝

천자가 제후에게 가는 것을 순수라고 한다는 규정에 대하여

天子適諸侯曰巡狩[137]

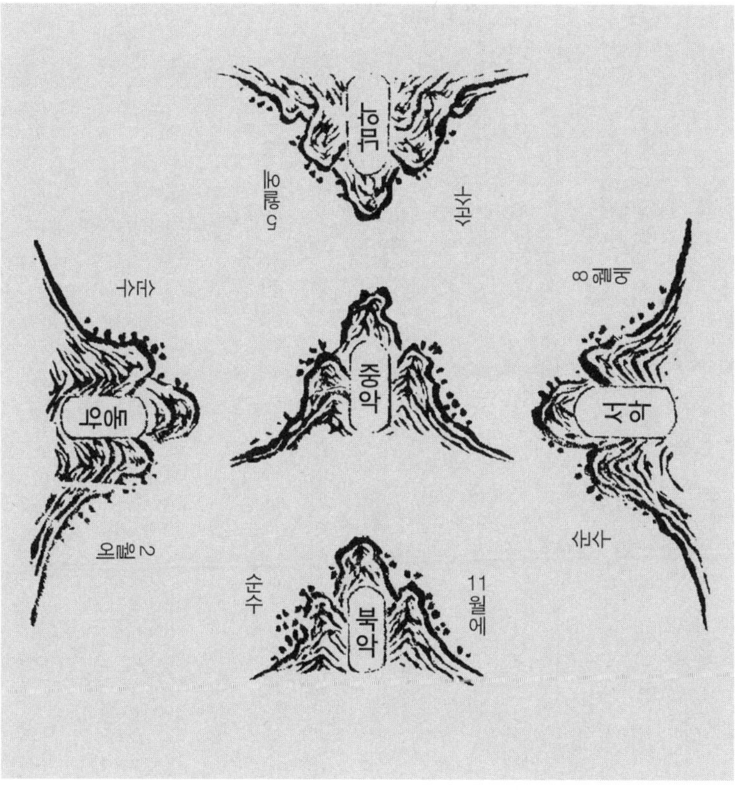

四書章圖

隱栝總要

『尚書』: "五載一巡狩, 羣后四朝." 四朝者, 朝京師, 巡守之年, 則朝於方嶽之下. 虞夏之制, 諸侯歲朝天子五載一巡守; 周之制, 侯甸采衛要服六者, 各以其服數來朝. 述職者, 自下達上也. 王十二歲一巡守, 諸侯六年一朝.

『상서尚書』에 "5년에 한번 순수巡狩하면 여러 제후들이 사방에서 조회한다."라고 하였는데,[138] '사방에서 조회한다'라는 것은 경사京師(도성)에 조회한다는 것이고, 순수巡守하는 해에는 방악方嶽(오악) 아래에서 조회한다.[139] 우虞나라와 하夏나라의 제도는 제후는 해마다 조회하고 천자는 5년에 한번 순수하며, 주周나라의 제도는 후복侯服·전복甸服·채복采服·위복衛服·요복要服 여섯이 각각 그 복服의 수에 따라 와서 조회한다.[140] 술직述職은 아래로부터 위로 보고하는 것이다. 왕王은 12년에 한번 순수하고 제후는 6년에 한번 조회한다.[141]

諸侯朝天子曰述職

侯服朝 ○—○ 一年侯服朝

侯服朝 ○—○ 二年甸服朝

侯服朝 ○—○ 三年男服朝

侯服朝 ○—○ 四年采甸服朝

侯服朝 ○—○ 五年衛服朝

侯服朝 ○—○ 六年男甸蠻服朝

侯服朝 ○—○ 七年

侯服朝 ○—○ 八年甸采服朝

侯服朝 ○—○ 九年男服朝

侯服朝 ○—○ 十年衛甸服朝

侯服朝 ○—○ 十一年

侯服巡狩 ○—○ 十二年采男侯甸備皆從王巡守

侯	甸	采		衛	蠻	男
每年東來一見	二年東來一見	四年東來一見	春朝	五年東來一見	六年東來一見	三年東來一見
侯	甸	采		衛	蠻	男
每年南來一見	二年南來一見	四年南來一見	夏宗	五年南來一見	六年南來一見	三年南來一見
侯	甸	采		衛	蠻	男
每年西來一見	一年西來一見	四年西來一見	秋覲	五年西來一見	六年西來一見	三年西來一見
侯	甸	采		衛	蠻	男
每年北來一見	二年北來一見	四年北來一見	冬遇	五年北來一見	六年北來一見	三年北來一見

제후가 천자를 조회하는 것을 술직이라고 한다는 규정에 대하여

諸侯朝天子曰述職

후복 조회	1년	후복 조회
후복 조회	2년	순복 조회
후복 조회	3년	남복 조회
후복 조회	4년	채복·전복 조회
후복 조회	5년	위복 조회
후복 조회	6년	남복·전복·만복
후복 조회	7년	
후복 조회	8년	전복·채복 조회
후복 조회	9년	남복 조회
후복 조회	10년	위복·전복 조회
후복 조회	11년	
후복 순수	12년	채복·남복·후복·전복·위복이 모두 왕을 따라 순수한다.

사서장고은팔층요

○ 남복	○ 만복	○ 위복		○ 채복	○ 전복	○ 후복
동쪽에서 온다 3년에 한번 만난다	동쪽에서 온다 6년에 한번 만난다	동쪽에서 온다 5년에 한번 만난다	춘[142] 조	동쪽에서 온다 4년에 한번 만난다	동쪽에서 온다 2년에 한번 만난다	동쪽에서 온다 매년 한번 만난다
○ 남복	○ 만복	○ 위복		○ 채복	○ 전복	○ 후복
남쪽에서 온다 3년에 한번 만난다	남쪽에서 온다 6년에 한번 만난다	남쪽에서 온다 5년에 한번 만난다	하 종	남쪽에서 온다 4년에 한번 만난다	남쪽에서 온다 2년에 한번 만난다	남쪽에서 온다 매년 한번 만난다
○ 남복	○ 만복	○ 위복		○ 채복	○ 전복	○ 후복
서쪽에서 온다 3년에 한번 만난다	서쪽에서 온다 6년에 한번 만난다	서쪽에서 온다 5년에 한번 만난다	추 근	서쪽에서 온다 4년에 한번 만난다	서쪽에서 온다 2년에 한번 만난다	서쪽에서 온다 매년 한번 만난다
○ 남복	○ 만복	○ 위복		○ 채복	○ 전복	○ 후복
북쪽에서 온다 3년에 한번 만난다	북쪽에서 온다 6년에 한번 만난다	북쪽에서 온다 5년에 한번 만난다	동 우	북쪽에서 온다 4년에 한번 만난다	북쪽에서 온다 2년에 한번 만난다	북쪽에서 온다 매년 한번 만난다

三代制民之產

夏后 貢
殷人 助
周人 徹
皆什一也

夏時一夫受田五十畝而每夫計其五畝之入以爲貢商人始爲井田之制以六百三十畝之地畫爲九區區七十畝中爲公田其外八家各授一區但借其力以助耕公田不復稅其私田周時一夫授田百畝鄉遂用貢法十夫有溝都鄙用助法八家同井耕則通力而作收則計畝而分故謂之徹詳見後圖

삼대에 백성의 산업을 제정한 것에 대하여
三代制民之産

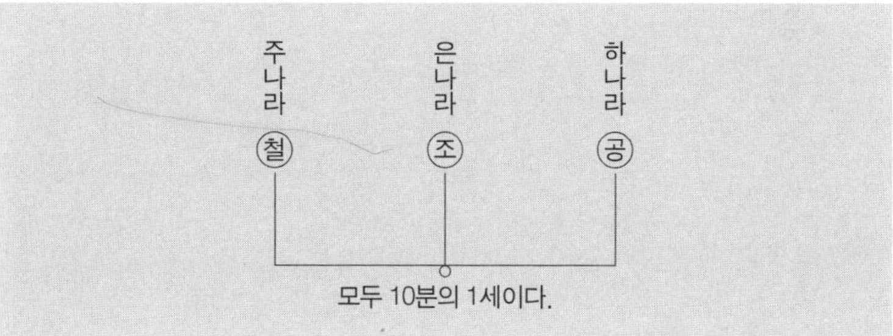

夏時一夫受田五十畝, 而每夫計其五畝之入以爲貢。商人始爲井田之制, 以六百三十畝之地, 畫爲九區, 區七十畝, 中爲公田, 其外八家各授一區。但借其力以助耕公田, 而不復稅其私田。周時一夫受田百畝, 鄉遂用貢法, 十夫有溝, 都鄙用助法, 八家同井, 耕則通力而作, 收則計畝而分, 故謂之徹。詳見後圖。

四書章圖

陳栝 總要

하夏나라 때 한 부夫(가장)는 50무畝의 토지를 받았고, 부夫마다 5무의 소출을 계산하여 그것을 공貢(세금)으로 삼았다. 상商나라 사람이 비로소 정전井田의 제도를 만들었는데, 630무의 땅을 아홉 구획으로 그려 한 구획이 70무인데, 가운데는 공전公田이며 그 바깥쪽은 여덟 집이 각각 한 구획씩 받게 하였다. 단지 그 힘을 빌려서 공전公田을 도와 경작하게 하였을 뿐이고 더 이상 사전私田에 대한 세금은 받지 않았다. 주周나라 때 1부夫는 100무의 토지를 받았는데, 향鄕과 수遂에는 공貢의 세법을 적용하여 10부에 한 구溝(도랑)가 있었으며, 도都와 비鄙[143]에는 조助(상나라의 세법)의 세법을 적용하여 여덟 집이 정井을 같이 하여 경작할 때는 힘을 모아 공동으로 경작하고 소출은 무畝를 계산하여 나누었기 때문에 철徹이라고 하였다.[144] 뒤의 그림에 상세히 나온다.

三代明倫之教

夏曰校
殷曰序
周曰庠
學共之

庠以養老爲義校以教民爲義序以習射爲義皆鄉斈也斈國斈也共之无異名也鄉學皆於農隙而斈擇鄉大夫有德行而致仕者教之養老序射皆校斈教人之事特三代欲異其名故義不同耳國學則同謂之學言學則庠校序皆斈之共鄉國雖有異同其所以明人倫之教則一也

삼대의 명륜 교육에 대하여
三代明倫之教

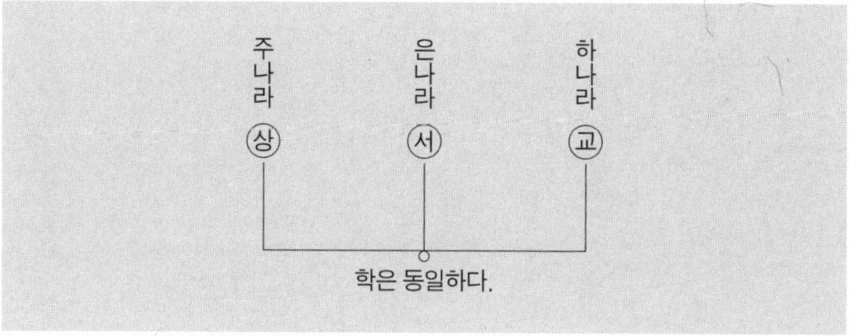

庠以養老爲義, 校以教民爲義, 序以習射爲義, 皆鄉學。學國學也, 共之無異名也。鄉學皆於農隙, 而學擇鄉大夫有德行而致仕者, 教之。養老、序射皆校學教人之事, 特三代欲異其名, 故義不同耳。國學則同謂之學, 言學則庠校序皆舉之矣。鄉國雖有異同, 其所以明人倫之教, 則一也。

사서장도 은팔총요

상庠은 '노인을 봉양하다'라는 의미에서 온 것이고, 교校는 '백성을 가르치다'라는 의미에서 온 것이며, '서序'는 '활쏘기를 연습하다'라는 의미에서 온 것이니 모두 지방의 학교이다. 학學은 도성의 학교이니 다 공통으로 사용하고 다른 이름이 없다.[145] 지방의 학교는 모두 농한기에 열고 도성의 학교는 경대부 중에서 덕행이 있고 벼슬을 그만둔 사람을 택하여 가르치게 한다. 노인을 봉양하는 것이나 활쏘기 연습은 모두 학교에서 사람을 가르치는 일인데, 단지 삼대三代(하·은·주)가 그 이름을 다르게 하고 싶어서 그 취한 개념이 다른 것일 뿐이다. 도성의 학교는 동일하게 학學이라고 하는데, '학'이라고 하면 상庠·교校·서序가 모두 포함된다. 지방과 도성이 비록 차이가 있지만 인륜을 밝히는 교육이었다는 점에서는 일치한다.

○論各代學校異同

四代之學曰米廩有虞氏之庠也曰序夏后氏之序也曰瞽宗殷學也曰泮宮周學也○周五學大學曰辟雍承師問道東學曰東序春夏學干戈秋冬學羽籥養老乞言西學曰瞽宗秋學禮記先賢於此南學曰成均大合樂於此北學曰上庠冬讀書於此○唐六學國子監太學四門學律學書學算學○宋五學國子學太學武學律學算學○王制有虞氏養國老於上庠養庶老於下庠夏后氏養國老於東序養庶老於西序殷人養國老於右學養庶老於左學周人養國老於東膠養庶老於虞庠虞庠在國之西郊注皆學名也異名四代相變亦或上西或上東或貴在國或貴在郊上庠右學大學也在西郊下庠左學小學也在國中王宮之東東序東膠亦大學在國中王宮之東西序虞庠亦小學西序在西郊周立小學於西郊膠之言糾也庠之言養也周之小學爲有虞氏之庠制是以名庠云其立鄉亦如之

각 시대 학교의 일치와 차이에 대하여

論各代學校異同

四代之學曰米廩有虞氏之庠也；曰序，夏后氏之序也；曰瞽，宗殷學也；曰頖，宮周學也。[146]

○ 周五學，大學曰辟雍，承師問道；東學曰東序，春夏學干戈，秋冬學羽籥，養老乞言；西學曰瞽宗，秋學禮記，先賢於此；南學曰成均，大合樂於此；北學曰上庠，冬讀書於此。

○ 唐六學：國子監、太學、四門學、律學、書學、算學。

○ 宋五學：國子學、太學、武學、律學、算學。

○『王制』："有虞氏養國老於上庠，養庶老於下庠；夏后氏養國老於東序，養庶老於西序；殷人養國老於右學，養庶老於左學；周人養國老於東膠，養庶老於虞庠。虞庠在國之西郊。" 注："皆學名也。異者，四代相變爾。或上西，或上東，或貴在國，或貴在郊。上庠右學，大學也，在西郊；下庠左學，小學也，在國中王宮之東；東序東膠亦大學，在國中王宮之東；西序虞庠亦小學也, 西序在西郊。周立小學於西郊, 膠之言糾也。庠之言養也, 周之小學爲有虞氏之庠制, 是以名庠云。其立鄕學, 亦如之。"

4대代의 학교는, '미름米廩'이라고 하는 것은 유우씨有虞氏[147]의 상庠이고, '서序'라고 하는 것은 하후씨夏后氏[148]의 서序이며,[149] 고종瞽宗이라고 하는 것은 은殷의 학學(도성의 학교)이고, 반궁頖宮이라고 하는 것은 주周의 학學이다.[150]

○ 주周의 5학學은, 대학大學은 '벽옹辟雍'이라고 하니 스승을 받들고 도道를 묻는 곳이고, 동학東學은 동서東序라고 하여 봄과 여름에 무술을 배우고 가을과 겨울에 무용을 배웠으니 노인을 봉양하고 조언을 구하는 곳이며, 서학西學은 '고종瞽宗'이라고 하여 가을에 여기에서 예기禮記[151]와 선현先賢의 언행을 배우고, 남학南學은 '성균成均'이라고 하니 여기서 크게 음악을 익히며 북학北學은 '상상上庠'이라고 하니 겨울에 여기서 책을 읽는다.

○ 당唐나라의 여섯 학교는 국자감國子監·태학太學·사문학四門學·율학律學·서학書學·산학算學이다.

○ 송宋나라의 다섯 학교는 국자학國子學·태학太學·무학武學·율학律學·산학算學이다.

○ 『왕제王制』에 이르기를, "유우씨有虞氏는 상상上庠에서 국로國老를 봉양하고 하상下庠에서 서인의 노인을 봉양하였으며, 하후씨夏后氏는 동서東序에서 국로를 봉양하고 좌학左學에서 서인의 노인을 봉

양하였으며, 주周나라 사람은 동교東膠에서 국로를 봉양하고 우상虞庠에서 서인의 노인을 봉양하였다. 유우씨의 상庠은 도성의 서쪽 교외에 있었다."라고 하였다. 그 주注에서 말하기를, "모두 학교의 이름이다. '다르다'라는 말은 4대에 걸쳐 변하였다는 것이다. 혹은 서쪽을 높이고 혹은 동쪽을 높이며, 혹은 도성에 있는 것을 귀하게 여기고 혹은 교외에 있는 것을 귀하게 여긴다. 상상上庠과 우학右學은 태학이니 서교西郊에 있으며, 하상下庠과 좌학左學은 소학小學이니 도성의 왕궁 동쪽에 있다. 동서東序와 동교東膠도 태학이니 도성의 왕궁 동쪽에 있다. 서서西序와 우상虞庠도 소학이니 서교西序는 서쪽 교외에 있다. 주周나라는 서쪽 교외에 소학을 세웠다. 교膠라는 말은 '모으다'라는 뜻이고, 상庠이라는 말은 '봉양하다'라는 뜻이다. 주周나라의 소학은 유우씨의 상庠이어서 이런 의미에서 상庠이라고 이름지었던 것이다. 지방의 학교를 세우는 것도 또한 이와 같다."라고 하였다.

耕者九一之法

家田百畝	家田百畝	家田百畝
家田百畝	公田百畝 八家耕 以入稅	家田百畝
家田百畝	家田百畝	家田百畝

朱子曰方一里爲一井其田九百畝中畫井字界爲九區一區之中爲田百畝中百畝爲公田外百畝爲私田八家各受私田百畝而同養公田是九分而稅其一也○凡一井九夫四井爲邑四邑爲丘四丘爲甸旁加一里爲洫則方十里折爲六十四井出稅三十六井治洫四甸爲縣四縣爲都四都方八十里旁加十里則方一百里爲一同都計万井九万夫內取六十四个六十四井計四千九十六井三万六千八百六十四夫出稅又下六十四个三十六井計二千三百四井二万七百三十六夫治洫又三十六个方十里計二千六百井三万二千四百夫治澮故井田之法備於一同

경작하는 자의 '구분의 일' 세법에 대하여

耕者九一之法

[153]

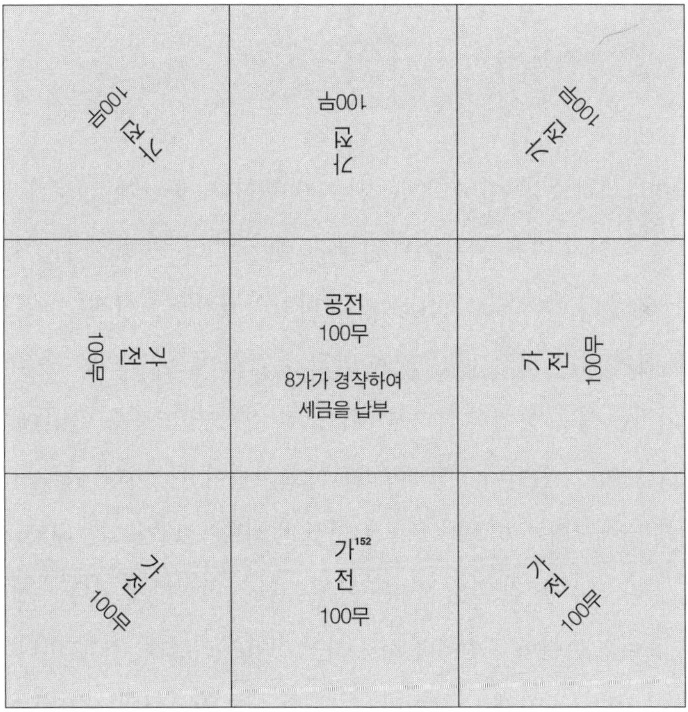

方一里爲一井，其田九百畝。中畫井字，界爲九區。一區之中，爲田百畝。中百畝爲公田，外八百畝爲私田。八家各受私田百畝，而同養公田，是九分而稅其一也。凡一井九夫，四井爲邑，四邑爲丘，四丘爲甸，旁加一里爲洫，則方六十里，折爲六十四井出稅，三十六井治洫。四甸爲縣，四縣爲都。四都方八十里，旁加十里，則方百里爲一同，都計萬井、九萬夫。內取六十四個六十四井，計四千九十六井、三萬六千八百六十四夫出稅，又下六十四個三十六井，計二千三百四井、二萬七千三十六夫治洫，又三十六個方十里，計三千六百井、三萬二千四百夫治澮。故井田之法備於一同。

사방 1리가 1정井이니 그 토지는 900무이다. 중간에 '정井'자 모양으로 그어서 아홉 구역으로 나눈다. 한 구역 안은 토지가 100무이다. 가운데 100무는 공전公田이고 바깥의 800무는 사전私田이다. 여덟 집이 각자 사전 100무씩을 받고 공전公田을 공동으로 경작하니, 이것은 아홉 중에서 하나를 세금으로 걷는다.[154] 무릇 1정井에는 9부夫(한집의 가장)이며, 4정井이 읍邑이고, 4읍이 구丘이며, 4구가 전甸인데 곁에 1리를 더하여 혁洫을 만들면 사방 60리가 되는데 64정井을 잘라 세금을 걷고 36정井은 혁洫(도랑)을 손질하게 한다. 4전甸이 현縣이고, 4현이 도都이다. 4도都는 지방 80리인데, 곁에 10리씩 더하여 지방 100리가 1동同이다. 전체 합계는 10000정井, 90000부夫이다. 안에서 64개 64정을 취하여 합계 4096정, 36864부가 세금을 내며, 또 64개 36정을 취하여 합계 2304정, 27036부가 혁洫을 손질하고, 또 36개 지방 10리, 합계 3600정, 32400부가 회澮를 다스린다. 그래서 정전井田의 법은 1동同에서 완비된다.[155]

仕者世祿之地

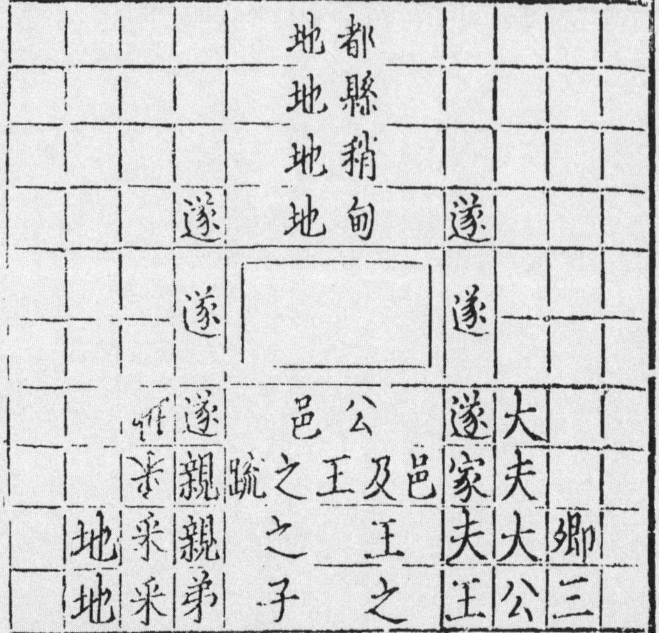

遠郊內居地四同甸地七十
二同稍地二十同縣地二
十八同都地三十六同分
甸地爲六遂餘爲公邑蓋
以賜者爲采地以不賜者
爲公邑○朱子曰世祿者
先王之世仕者之子孫皆
教之教之成材則官之如
不足用亦使之不失其祿
蓋其先世嘗有功德於民
故報之如此厚之至也

벼슬하는 자의 세록의 땅에 대하여

仕者世祿之地

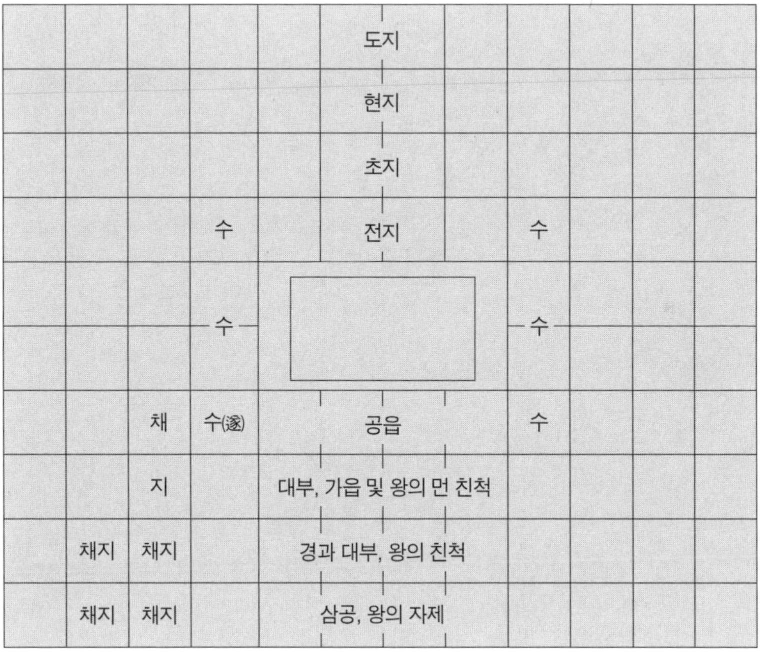

四書章圖

陳栝總要

遠郊內居地四同。甸地十二同, 稍地二十同, 縣地二十八同, 都地三十六同。分甸地爲六遂, 餘爲公邑。蓋以賜者爲采地, 以不賜者爲公邑。朱子曰 : "世祿者, 先王之世, 仕者之子孫皆敎之, 敎之而成材則官之。如不足用, 亦使之不失其祿。蓋其先世嘗有功德於民, 故報之如此, 忠厚之至也。"

먼 교외 안에 사는 사람에 대한 것이며 땅은 사방이 다 동일하다. 전지甸地는 12동同이고 초지稍地는 20동이며, 현지縣地는 28동이고, 도지都地는 36동이다. 전지甸地는 6수遂[156]로 나누고 (6수 외의) 나머지는 공읍公邑이다. 대개 하사한 것은 채지采地이고, 하사하지 않은 것은 공읍公邑이다.[157] 주자朱子가 말하기를, "세록世祿이란, 선왕의 세대에 벼슬한 자손도 모두 가르치는데 가르쳐서 재목이 이루어지면 벼슬을 시키고 등용할 만하지 못하더라도 원래 받았던 봉록은 잃지 않게 하는 것이다. 대개 이전 세대에 백성들에게 공덕이 있었기 때문에 이와 같이 보답하는 것이니 충후함이 지극한 것이다."라고 하였다.[158]

○周制井田之圖

步百 六尺為步
百畝
百夫
三屋
三
十步
二十步
三十步
四十步
五十步
六十步
七十步
八十步
九十步
一百步
為畝
十畝
二十畝
三十畝
四十畝
五十畝
六十畝
七十畝
八十畝
九十畝
一百畝
為夫
夫
夫
夫
通三百畝
為屋
井
九百畝
為井

要下十四

주나라의 정전제에 대한 그림

周制井田之圖[159]

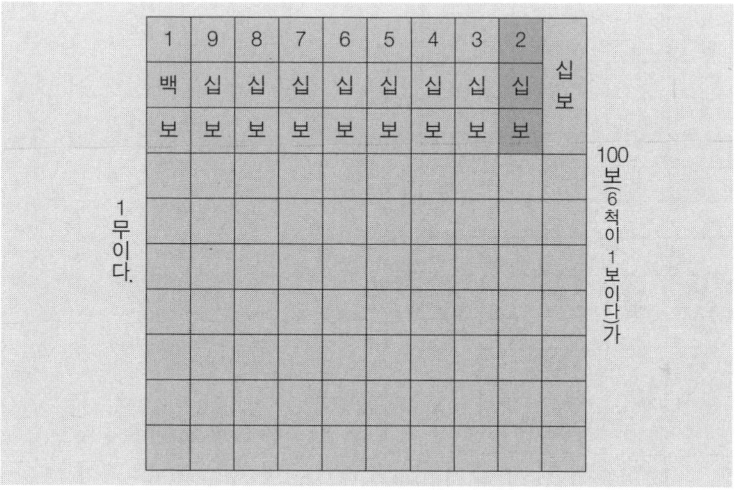

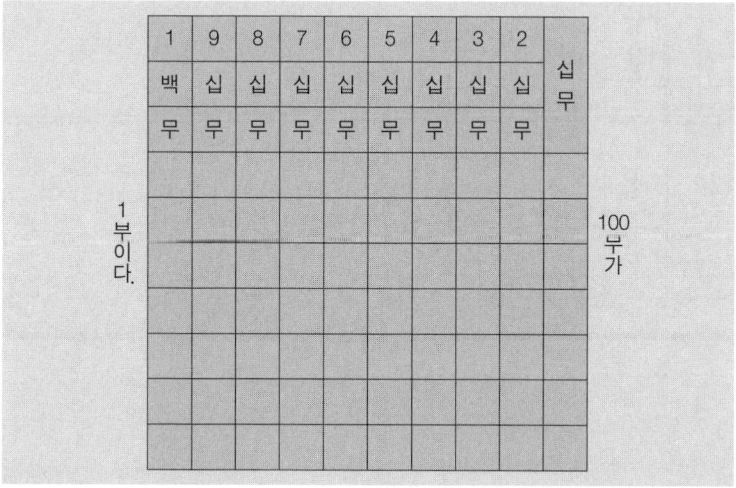

井十

九千畝

井	井	井	井	井
井	井	井	井	井

爲通

通十

爲成

成十

九十万畝

成	成	成	成	成
成	成	成	成	成

爲終

終十

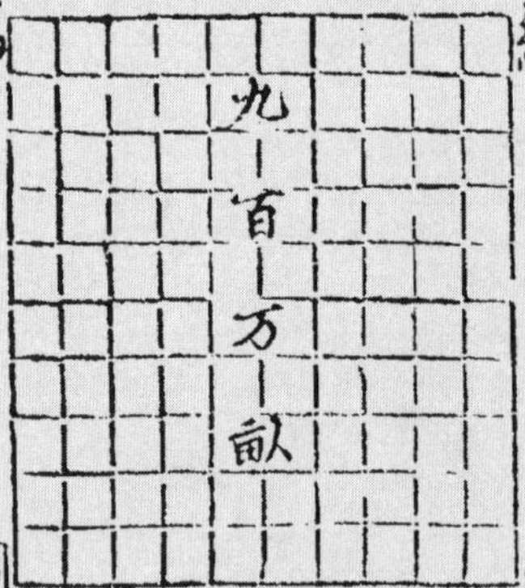

爲同

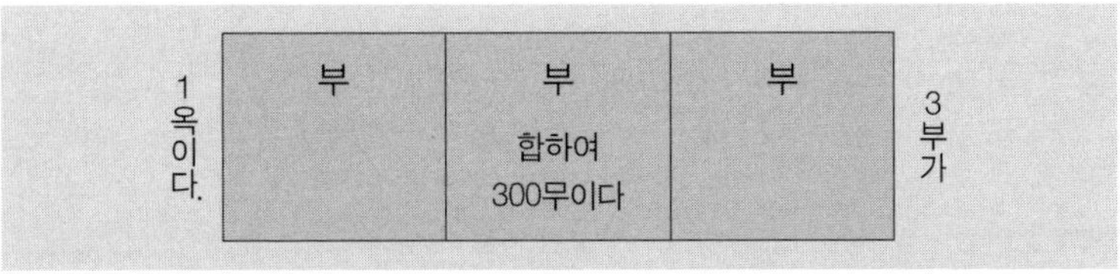
1옥이다.
부
부
부
합하여
300무이다
3부가

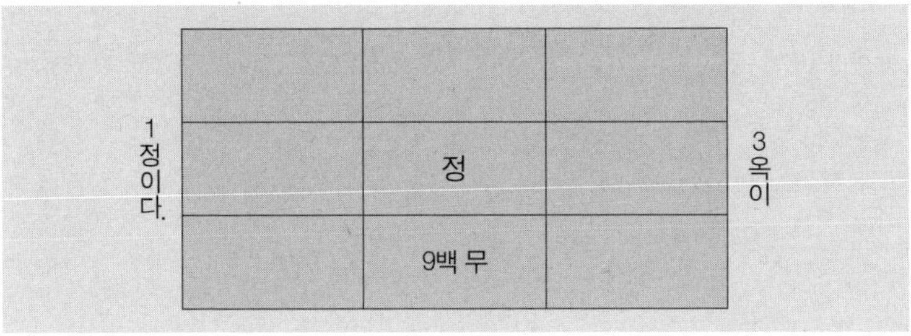
1정이다.
정
9백 무
3옥이

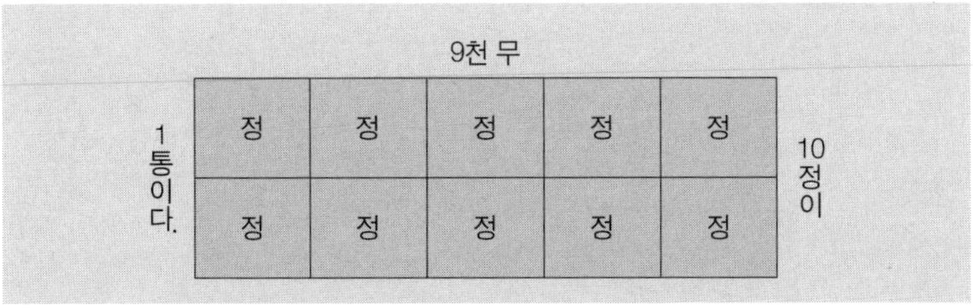
9천 무
1통이다.
정 정 정 정 정
정 정 정 정 정
10정이

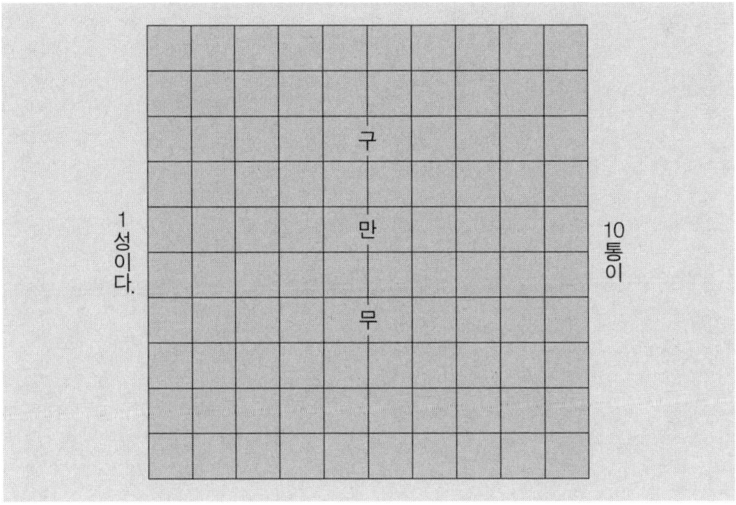
1성이다.
구
만
무
10통이

사서장도 은괄총요

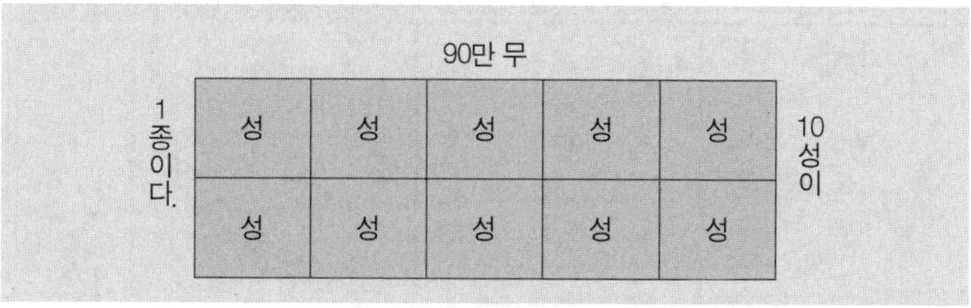
90만 무
1 종이다.
성 성 성 성 성
성 성 성 성 성
10 성이

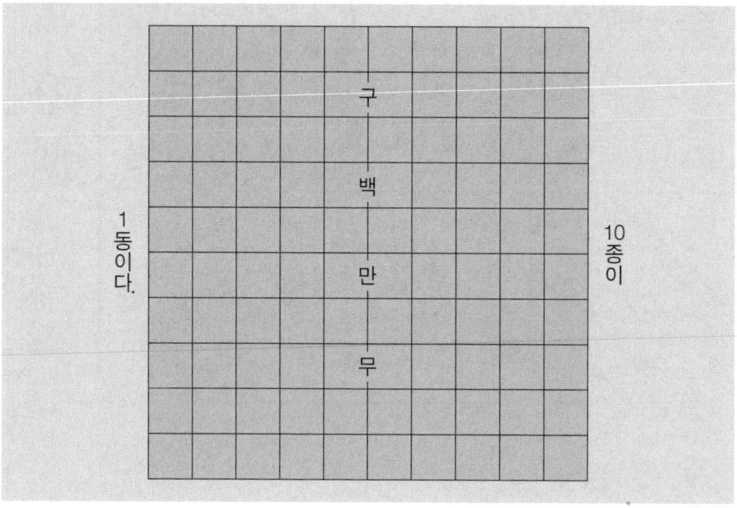
1 동이다.
구
백
만
무
10 종이

商井田制 七十而助

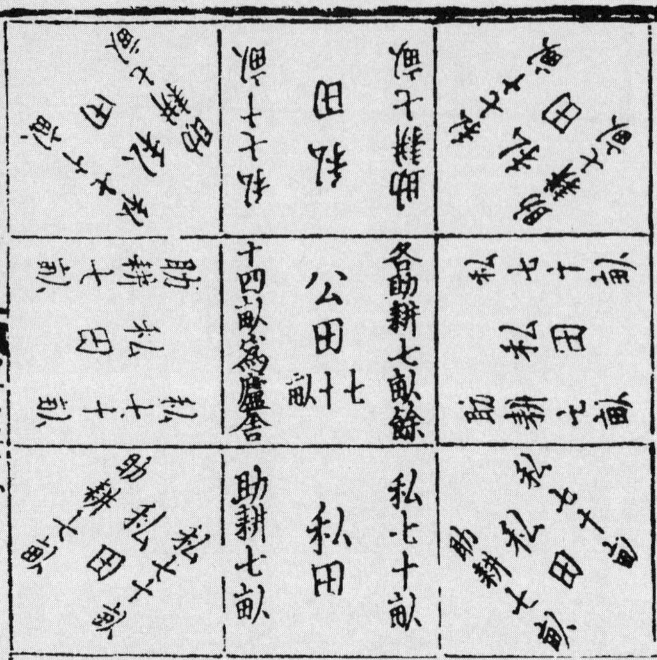
公田七十畝
各助耕七畝餘十四畝爲廬舍
私田
私七十畝
助耕七畝
私田
私七十畝
助耕七畝
私田
私七十畝
助耕七畝
私田
私七十畝
助耕七畝
私田
私七十畝
助耕七畝
私田
私七十畝
助耕七畝
私田
私七十畝
助耕七畝
私田
私七十畝
助耕七畝

상나라 정전제

商井田制

사전70무씩 주고 조법[160]을 시행한다

七十而助

사전 70무이고 **사전** 7무를 도와서 경작한다	사전 70무이고 **사전** 7무를 도와서 경작한다	사전 70무이고 **사전** 7무를 도와서 경작한다
사전 70무이고, **사전** 7무를 도와서 경작한다	각각 7무씩 도와서 경작하고, **공전** 70무 나머지 14무는 여사가 된다.	사전 70무이고 **사전** 7무를 도와서 경작한다
사전 70무이고 **사전** 7무를 도와서 경작한다	사전 70무이고, **사전** (공전) 7무를 도와서 경작한다.	사전 70무이고 **사전** 7무를 도와서 경작한다

周井田制

百畝而徹

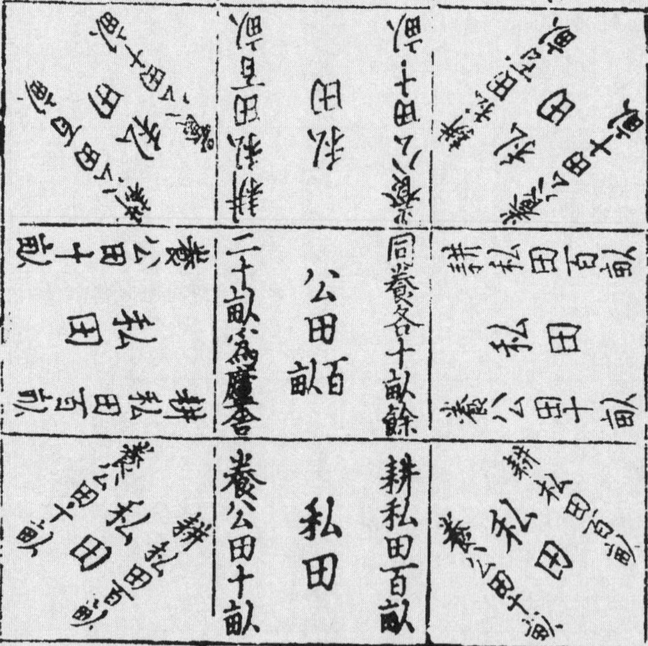

주나라 정전제
周井田制

사전 100무씩 주고 철법[161]을 시행한다

百畝而徹

野郊外都鄙之地九一而助爲公田而行

野 九一而助

助法遂收其所入以爲君子之祿食也

國中都民之内鄉遂之地也田不井授但爲溝洫使

國中 什一自賦

什而自賦其一以充國之用蓋用貢法即周之徹也

此分田制祿之常法所以治野人使養君子也

如卿授田六十邑當二百四十井此外又有圭田二十畝也古者

卿以下 圭田五十畝

田祿皆是助法之公田圭田恐亦如此圭潔也所以奉祭祀也

一夫父母妻子以八口爲率受田百畝如有弟是餘夫

餘夫 二十五畝

年十六受田二十五畝俟有室然後更受百畝之田

此世祿常制之外又有此以厚君子也

此百畝常制之外又有此以厚野人也

국중(國中)

10분의 1을 걷되,
스스로 세금을 내게 한다.

국중이란 도성 백성이 사는 곳 중에서 향(鄕)·수(遂)의 지역이다. 토지는 정전제의 방식으로 제공하지는 않고 단지 구(溝)와 혁(洫) 등의 도랑을 만들어 10분의 1을 스스로 세금으로 내게 하여, 그것으로 국가의 경비를 충당한다. 대개 공법(貢法)을 사용한 것이니, 곧 주(周)나라의 철법(徹法)이다.

야(野)

9분의 1을 걷되
공전 경작을 돕게 하는 방식으로 한다.

야(野)란 교외에 있는 도(都)나 비(鄙)의 지역이다. '사전 90무씩 받고 공전 경작을 돕는다'라는 것은 공전을 만들어 조법(助法)을 행하고 드디어 거기서 거둔 것을 군자의 봉록으로 삼는다.

이것은 토지를 나누고 봉록을 제정하는 정상적인 법이다.
농민을 다스려 군자를 봉양하게 하는 방식이다.

여부(餘夫) 이하

25무를 지급한다.

한 가장에게는 부모와 처자 8명을 기준으로 토지 100무를 주는데, 만일 아우가 있으면 그 아우가 여부이다. 열여섯 살에 토지 25무를 받고 가정을 꾸린 뒤에 다시 100무의 토지를 받는다.

이것은 100무라는 정상적으로 제정된 것 외에 또 이것이 있다는 것이니, 농민을 후하게 대하는 의미이다.

경(卿) 이하

규전(圭田) 50무를 지급한다.

만일 경이 토지 60읍을 받으면 249정(井)이 되는데, 이 외에 또 규전 20무가 있는 것이다. 옛날의 전록(田祿)은 모두 조법(助法)을 시행할 때의 공전(公田)이었다. 규전은 아마 또한 이와 같은 방식이었을 듯하다. 규(圭)란 깨끗하다는 뜻이다. 제사에 사용하는 것이다.

이것은 세록(世祿)이라는 정상적으로 제정된 것 이외에 또 이것이 있다는 뜻이니 군자를 후하게 대접한다는 의미이다.

邑之圖

縣方二十里積四百井三千
六百夫內二千三百四夫出
稅一千二百九十六夫治洫

四甸為縣

三十六万畝

甸	甸
縣	
甸	甸

蓋大夫家邑也○此出稅者
即如甸之數此治洫者比
甸則四个三百二十四夫之數

都方四十里四四一千六百四都方八十里八八六千四百井壹
百井積一万四千四百夫內又旁加十里二千六百井為一同
九千二百十六夫出稅五共万井積九万夫內四千九十
千一百八十四夫治洫蓋六井二万六千八百六十四夫出

四縣為都

百四十四万畝

縣	縣
都	
縣	縣

王子弟卿大夫采邑也○
此出稅者即四縣之數此
治洫者比縣則四个一千
二百九十六夫之數

四都為同

九百万畝

旁加十里	都	都	旁加十里
	同		
	都	都	

稅二千三百四井二万七百三千六
夫治洫三千六百井三万二千四百
夫治澮○此出稅者即四都之數此
治洫者比都則四个五千百八十四夫

周制井

邑方二里二二爲四井積三十六夫采地制井田之

四井爲邑

三千六百

九夫井　九夫井

九夫井　九夫井

稅異於鄉遂謂之邑則民以里居四井同邑故也

丘方四里四四十六井一百四十四

四邑爲丘

一万四千四百畝

邑　邑

丘

邑　邑

夫謂之丘則民以族葬四邑同丘故也

甸方八里八八六十四井積五百七十六夫出稅旁加一里計三十六井積三

四丘爲甸

九百畝

旁加一里　甸加此爲一成

丘　丘

甸

丘　丘

旁加一里

百二十四夫治洫共方十里出革車一乘甲士三人步卒七十二人

주나라 제도의 전과 읍에 대한 그림

현은 사방 20리이며, 400정,
3600부에 해당하며,
그중 2304부는 세금을 내고,
1296부는 혁(洫)을 손질한다.

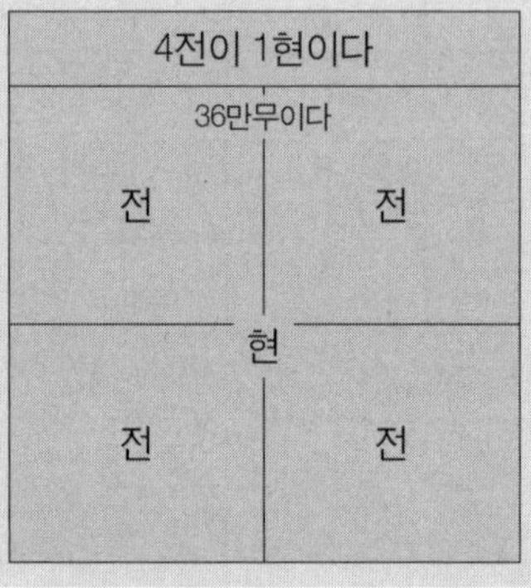

대개 대부의 가읍(家邑)이다.
○이 세금을 내는 이는 곧 전(甸)의
수와 같고, 이 혁을 손질하는 이는
전(甸)에 비교해 보면
324부(夫)가 넷인 수이다.

도(都)는 사방 40리이니,
4곱하기 4하여 1600리이고
14004부에 해당한다. 그중 9216부는
세금을 내고, 5184부는 혁을
손질한다.

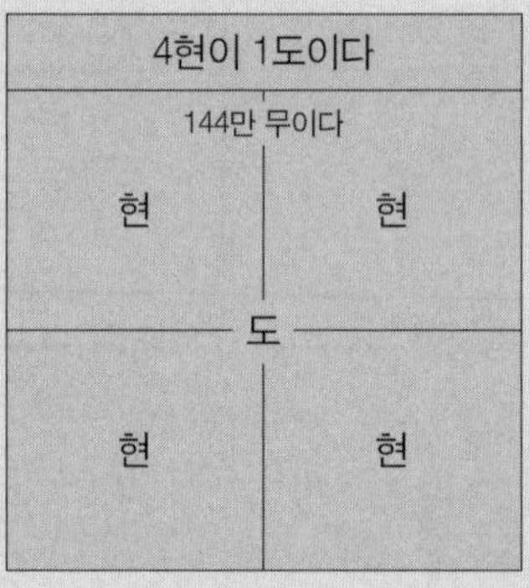

대개 왕의 자제와 경대부의
채읍(采邑)이다. ○이 세금을 내는
이는 곧 4현의 수이고, 이 혁을
손질하는 이는 현에 비교한다면
1296부(夫)가 넷인 수이다.

도(都)[162]는 사방 80리이니,
8곱하기 8하여 6400리[163]이고,
또 그 곁에 10리를 더하여 3600정이
1동이 되면, 모두 합쳐 1만 정이고
9만 부에 해당한다. 그중 4096정,
26864부는 세금을 내고

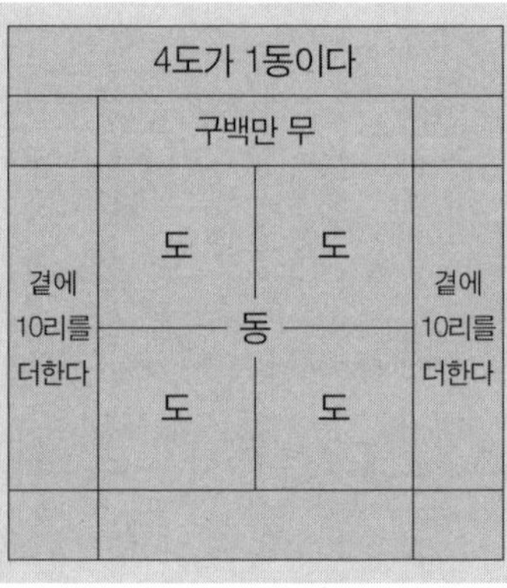

23404정은 혁을 손질한다. 3600정, 32400부는
회(澮)를 다스린다. ○이 세금을 내는
이는 곧 4도의 수이고,
이 혁을 손질하는이는 도에
비교하면 2184부가 넷인 수이다.

周制井邑之圖

읍은 사방 2리이니,
2 곱하기 2로
4정이다.
36부(夫)가 쌓여 채지(采地)가 된다.

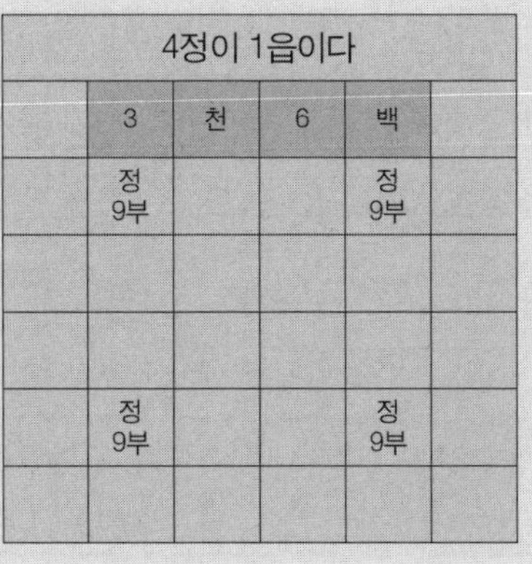

정전의 세법을 정하는 것은
향(鄕)·수(遂)와는 다르다.
'읍'이라고 한 것은
백성이 마을로 거주하고
4정이 동일한 읍이 되기 때문이다.

구(丘)는 사방 4리이니,
4 곱하기 4로 16정이다.
정은 144부이다.

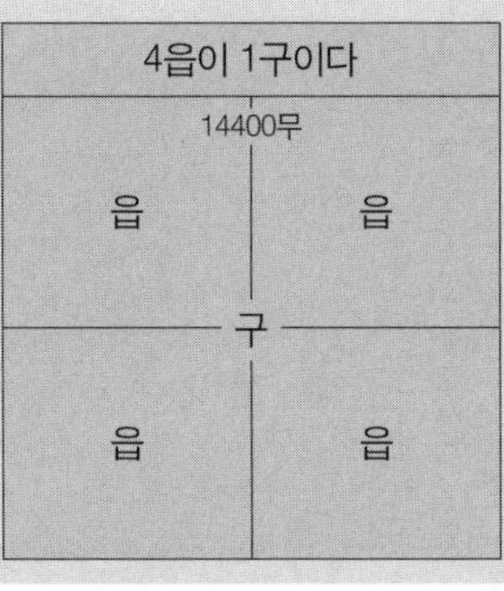

'구'라고 하는 것은
백성이 종족끼리 살면서
장례를 치를 때는
네 읍이 같은 언덕을 사용하기
때문이다.

전(甸)은 사방 8리이니,
8 곱하기 8로 64정이다.
576부(夫)에 해당하며 세금을 낸다.
옆에 1리를 더해서 합계 36정,

합쳐서 324부가 혁(洫)을 손질하게
하며, 전체 사방 10리가
혁거(革車) 1승(乘)과
갑사(甲士) 3인과 보졸(步卒)
72인을 낸다.

○遂溝洫澮之圖

壹成之耜廣五寸二耜爲耦一耦之伐廣尺深尺謂之甽田首倍之廣二尺深二尺

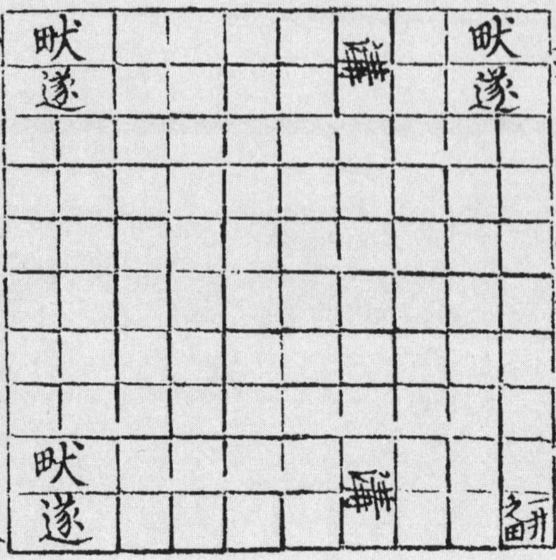

謂之遂九夫爲井井間廣四尺深四尺謂之溝九遂入一溝九溝入一洫

수 · 구 · 혁 · 회의 그림

遂溝洫澮之圖

1성(成)의 보습은 넓이가 5촌이며, 두 보습이 한 짝이 된다. 한 짝의 보습이 가는 넓이 1척, 깊이 1척을 견(畎, 도랑)이라고 한다. 밭머리에는 갑절로 넓이 2척, 깊이 2척을 파는데 이것을 수(遂, 도랑)라고 한다.

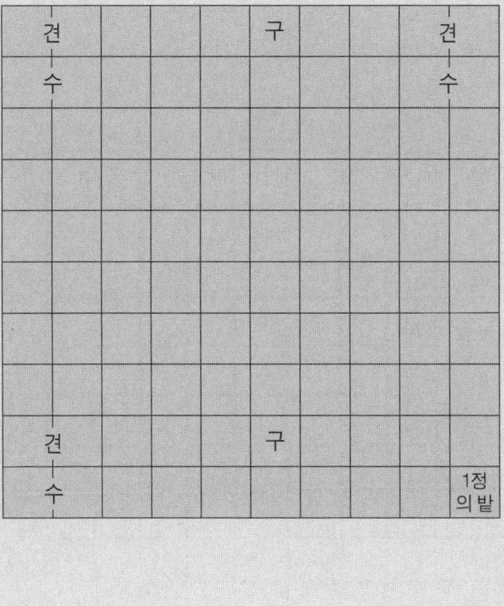

9부가 1정인데, 정의 사이에는 넓이 4척, 깊이 4척을 파는데 이것을 구(溝, 도랑)라고 한다. 9수가 1구로 들어가고, 9구가 1혁(洫)으로 들어간다.

壹同之田方十里為成成間廣八尺深半尺曰洫方百里

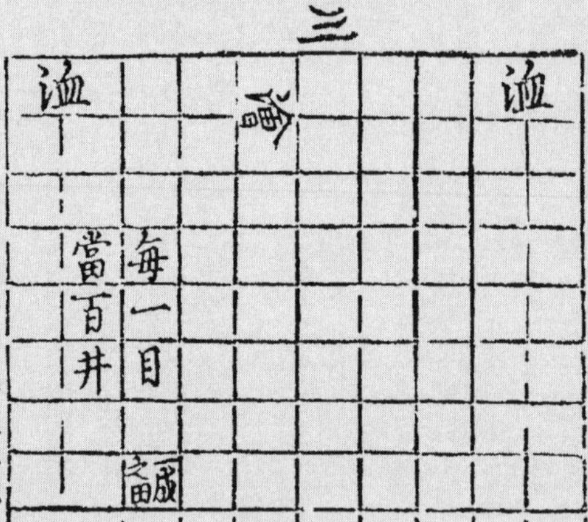

為同同間廣二尋深二仞謂之澮九澮共入大川

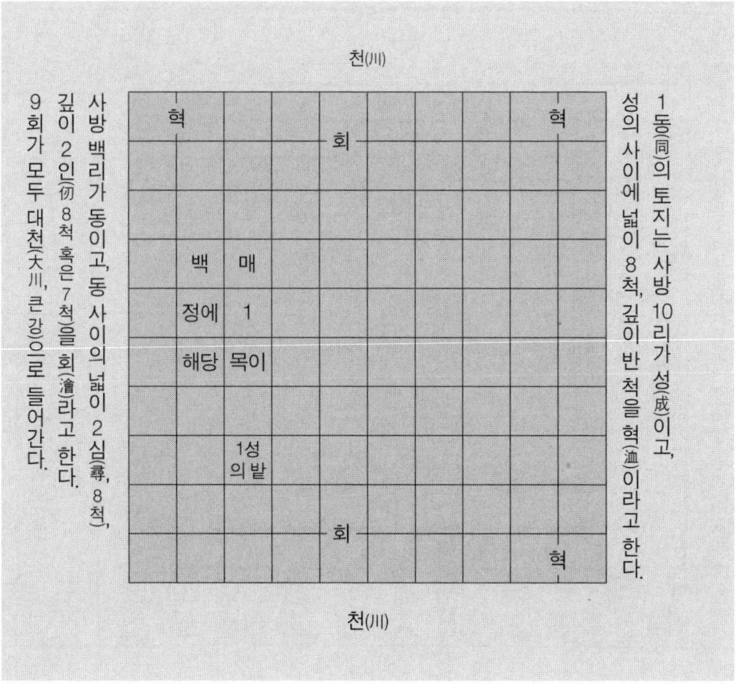
1동(同)의 토지는 사방 10리가 성(成)이고,
성의 사이에 넓이 8척, 깊이 반 척을 혁(洫)이라고 한다.
천(川)
혁
혁
회
백 정에 해당
매 1 목이
1성의 밭
회
혁
천(川)
사방 백리가 동이고, 동 사이의 넓이 2심(尋, 8척),
깊이 2인(仞 8척 혹은 7척)을 회(澮)라고 한다.
9회가 모두 대천(大川, 큰 강)으로 들어간다.

○六鄉之圖

比出軍五人閭出二十五人族出百人黨出五百人州出二千五百人鄉出万二千五百人

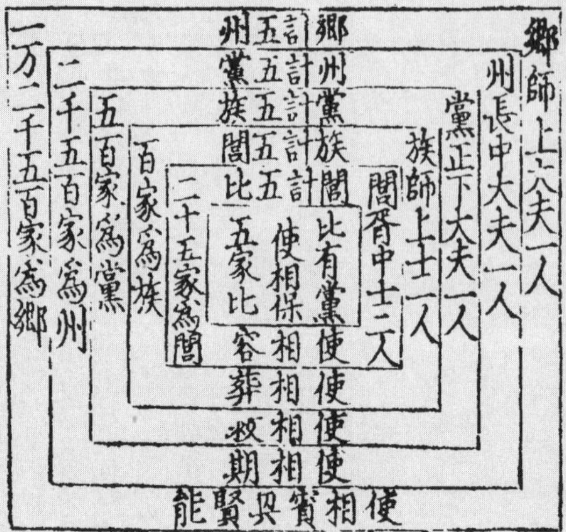

六鄉之地共四同計四万井三十六万夫也

육향을 그림

六鄕之圖

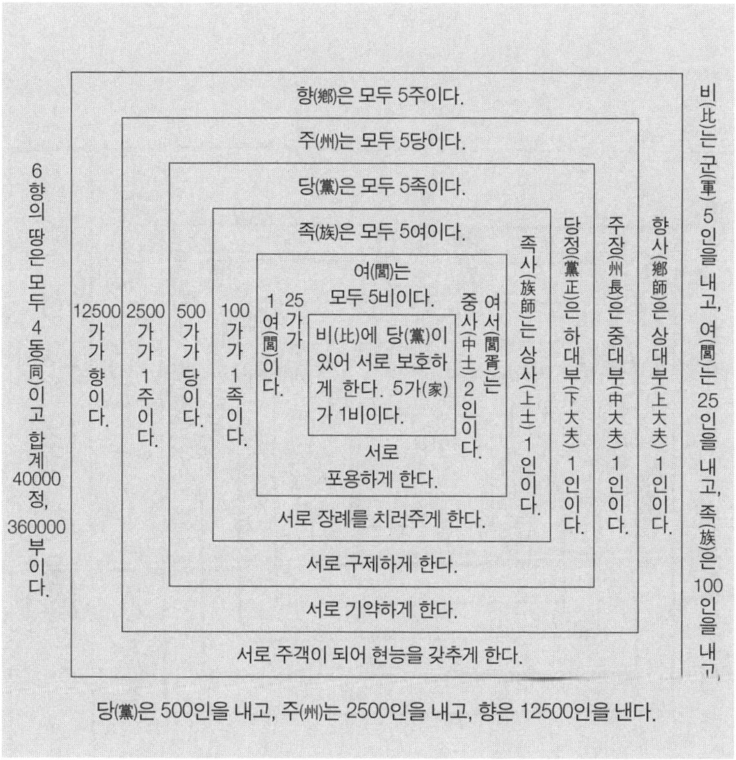

향(鄕)은 모두 5주이다.
주(州)는 모두 5당이다.
당(黨)은 모두 5족이다.
족(族)은 모두 5여이다.
여(閭)는 모두 5비이다.
비(比)에 당(黨)이 있어 서로 보호하게 한다. 5가(家)가 1비이다.
서로 포용하게 한다.
서로 장례를 치러주게 한다.
서로 구제하게 한다.
서로 기약하게 한다.
서로 주객이 되어 현능을 갖추게 한다.
6향의 땅은 모두 4동(同)이고 합계 40000정, 360000부이다.
12500가가 향이다.
2500가가 1주이다.
500가가 당이다.
100가가 1족이다.
25가가 1여(閭)이다.
여서(閭胥)는 중사(中士) 2인이다.
족사(族師)는 상사(上士) 1인이다.
당정(黨正)은 하대부(下大夫) 1인이다.
주장(州長)은 중대부(中大夫) 1인이다.
향사(鄕師)은 상대부(上大夫) 1인이다.
비(比)는 군(軍) 5인을 내고, 여(閭)는 25인을 내고, 족(族)은 100인을 내고,
당(黨)은 500인을 내고, 주(州)는 2500인을 내고, 향은 12500인을 낸다.

○六遂之圖

六遂之地十二同十二万井百

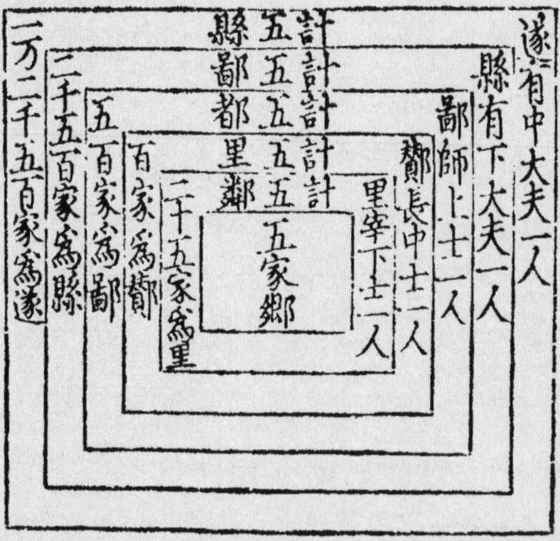

卅八万夫除七万五千家受田

육수를 그림

六遂之圖[164]

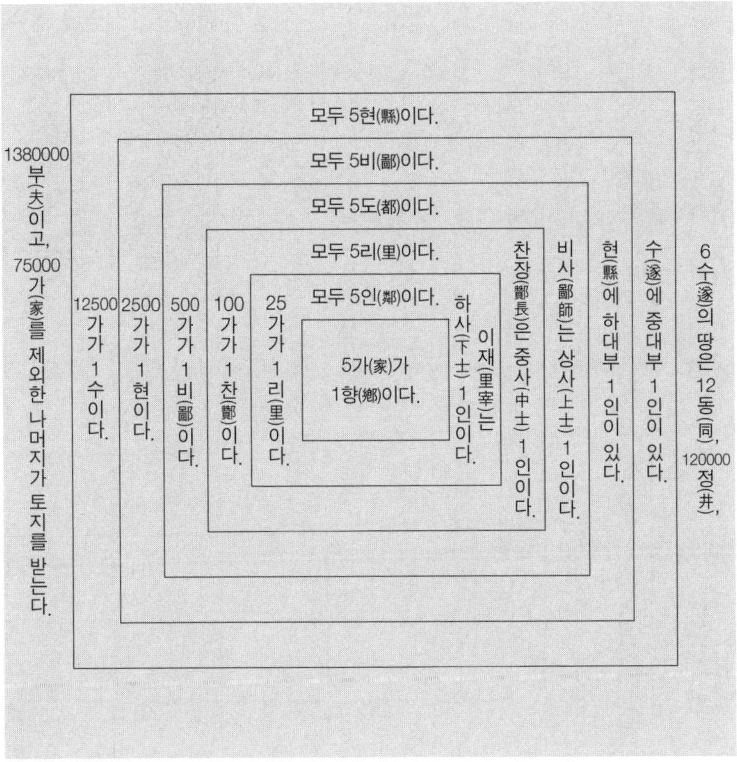

采地之圖

都縣削遂鄉 九緯之內

三千六万夫賞宅士賈官牛牧田

一同

一同

万外爲公邑以中大夫治之如州長謂邦甸之賦

六遂十二万井百冊八万夫除七万五千家受十五

地各食二十五里以大夫治之謂家削之賦

家削二十万井百八十万夫餘封王卿大夫親子弟

各五十里外餘爲公邑使下大夫治之謂之邦縣之賦

邦縣二十八万井二百五十二万夫餘封王卿次親子弟

邑使下大夫治之正所謂邦都之賦諸賦各取任地與餘財非取於民者

邦都三十六万井三百二十四万夫除三六公及王親子弟各百里外餘爲公

邦縣加八爲二十八同邦都加八爲三十六同井亦如之

王畿鄉遂

六鄉四同六遂加八爲十二同家削加八爲二十同

邦都三十六同王親子弟所食各百里
餘爲公邑大夫監之賦曰邦都之賦

邦縣二十八同四百里王次親子
弟所食各五十里餘爲公邑

家削二十同三百里王疏子弟所食各二
十五里餘爲公邑削家田也亦作稍所教切

六遂十二同三百里
遂內曰邦甸之賦

一同

六鄉四同三百里四方井

一同

邦

邦

家

六

六

王城九經

왕기의 향수와 채지를 그림

방도	방현	가삭	6수	6향	왕성 9경

왕성 9경: 36만부이다. 상전·택전·사전·고전·관전·우전·목전이 있다.

6향: 1동 / 1동

6수: 만외는 공읍인데, 중대부에게 다스리게 한다. 주장은 '방전의 부(賦)'라고 한다. 6수, 12만정, 138만부이다. 나머지는 왕경의 다음 친자제에게 봉해준다.

가삭: 토지는 각각 25리씩 받고, 대부가 다스리며, '가삭의 부'라고 부른다. 가삭은 20만정, 180부이다. 나머지는 왕·경·대부의 친자제에게 봉한다.

방현: 각 50리밖의 나머지는 공읍이며 하대부로 하여금 다스리게 하고, '방현의 부'라고 부른다. 방현은 28만정, 252만부이다. 나머지는 왕경의 다음 친자제에게 봉한다.

방도: 읍은 하대부에게 다스리게 한다. 바로 이른바 '방도의 부'이다. 여러 부(賦)들은 각각 맡긴 땅과 남은 재화를 취하는 것이지 백성에게 취하는 것이 아니다. 방도는 36만정, 324만부이다. 삼공과 지친의 자제에게 각각 100리씩 주는 것 이외는 공읍이다.

방현(邦縣)은 8을 더하여 28동이며, 방도(邦都)는 8을 더하여 36동이다. 정(井)도 이와 같다.

王畿鄕遂采地之圖

6향(鄕)은 4동(同)이고, 6수(遂)는 8동을 더하여 12동이며, 가삭(家削)은 8동을 더하여 20동이고,

방도는 36동이다. 왕의 친자제가 받는 것이 각 백리이고, 나머지는 공읍이다.
대부가 감독하며, 그 부(賦)는 '방도의 부'라고 한다.

방현은 28동이다. 왕의 다음 친자제가 받는 것이 각각 50리이고, 나머지는 공읍이다.

가삭은 24동, 4백리이다. 왕의 소원한 제제가 받는 것이 각 25리이고,
나머지는 공읍이다. 가전을 삭감한 것이다. 또한 '초(稍)'라고도 쓰는데,
'소(所)'와 '교(敎)'의 반절(反切)이다.

6수는 12동, 3백리이다.
수(遂) 안은 '방전의 부(賦)'라고 한다.

1동

6향 4동, 3백리,
4만정,

1동

(邦都)

(邦縣)

(家削)

(六遂)

(六鄕)

9위의 안

籍田耕助之圖

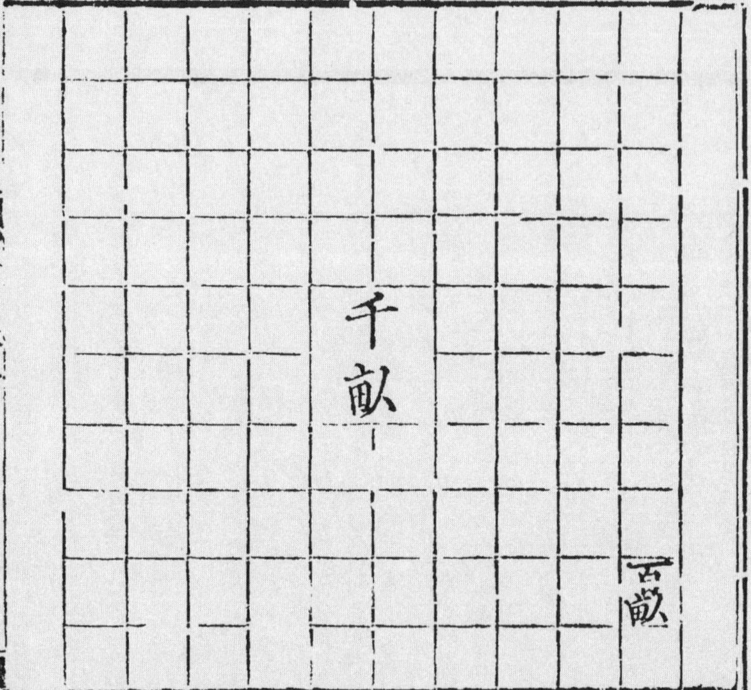

孟子諸侯耕助以供粢盛卽藉田也藉者供也供民力而耕之也天子千畝諸侯百畝春之月天子帥三公諸侯九卿親耕于藉田以祈社稷天子三推諸侯九推祈社稷者礼王爲民立社曰大社自爲立社曰王社在藉田中藉田所祈也

적전에서 밭을 갈 때 돕는 것에 대한 그림

籍田耕助之圖

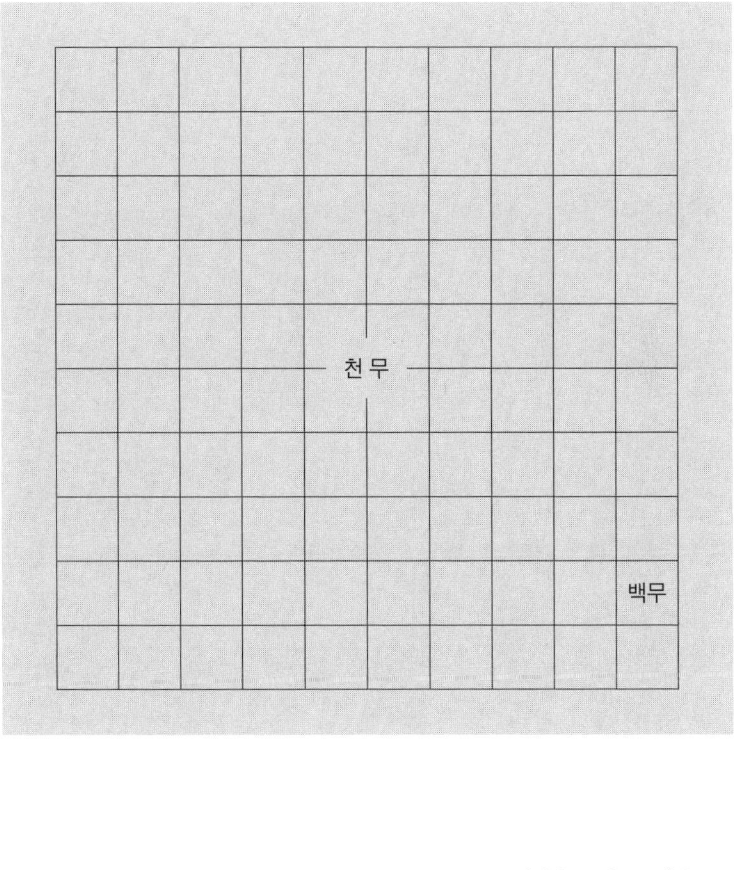

四書章圖

隱栝總要

『孟子』“諸侯耕助, 以供粢盛”。藉者供也。供民力而耕之也。天子千畝, 諸侯百畝。春之月, 天子帥三公、諸侯、九卿, 親耕於藉田, 以祈社稷。天子三推, 諸侯九推。祈社稷者, 禮王爲民立社曰大社, 自爲立社曰王社, 在藉田中, 藉田所祈也。

『맹자孟子』「등문공장구상滕文公章句上」에 이르기를, “제후가 밭을 갈면 (농민들이) 마저 도우며, 거기서 나는 곡식으로 제사상을 차린다.”라고 하였다. ‘자藉’란 ‘이바지하다’라는 뜻이다. 백성의 노동력에 도움을 받아 경작하는 것이다. 천자는 1000무畝이고 제후는 100무이다. 봄인 달에 천자가 삼공三公·제후諸侯·구경九卿을 거느리고 친히 자전藉田을 경작하여 사직社稷에 기원하는 것이다. 천자는 세 번 밀고 제후는 다섯 번 민다. ‘사직에 기원한다’라고 한 것은, 예법에 왕이 백성을 위해 사社(토지신)를 세운 것을 대사大社라고 부르고 자기를 위해 사社를 세운 것을 왕사王社라고 부르는데, 자전 안에 있고 자전에서 기원하는 바이기 때문이다.[166]

○周制任地之法

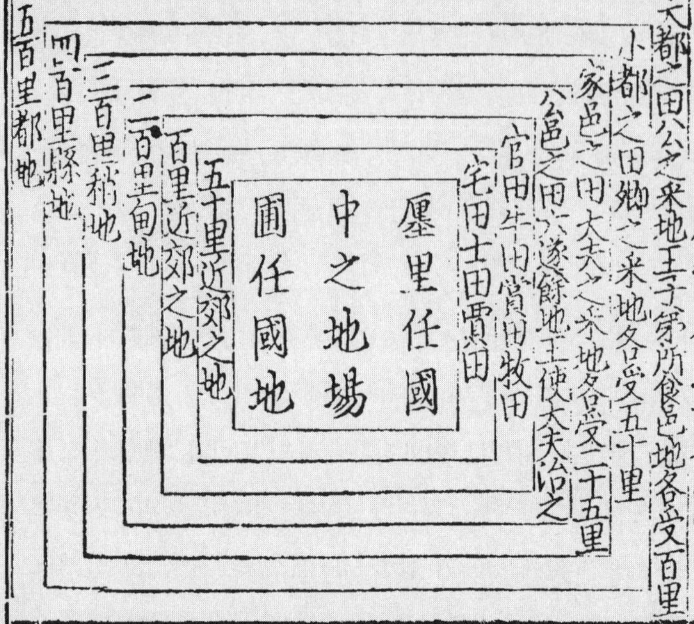
大都之田公之采地王子弟所食邑地各受百里
小都之田卿之采地各受五十里
家邑之田大夫之采地各受二十五里
公邑之田六遂餘地王使大夫治之
官田牛田賞田牧田
宅田士田賈田
廛里任國中之地場圃任國地
五十里近郊之地
百里近郊之地
二百里甸地
三百里稍地
四百里縣地
五百里都地

주나라 제도에서 땅을 맡기는 법

周制任地之法

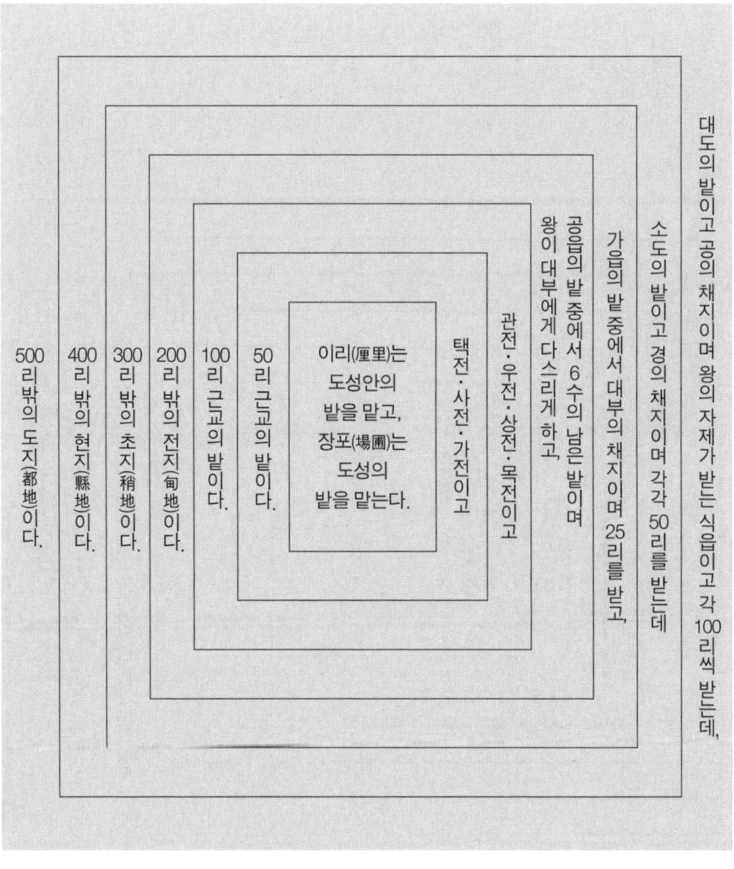

○周制征稅之法

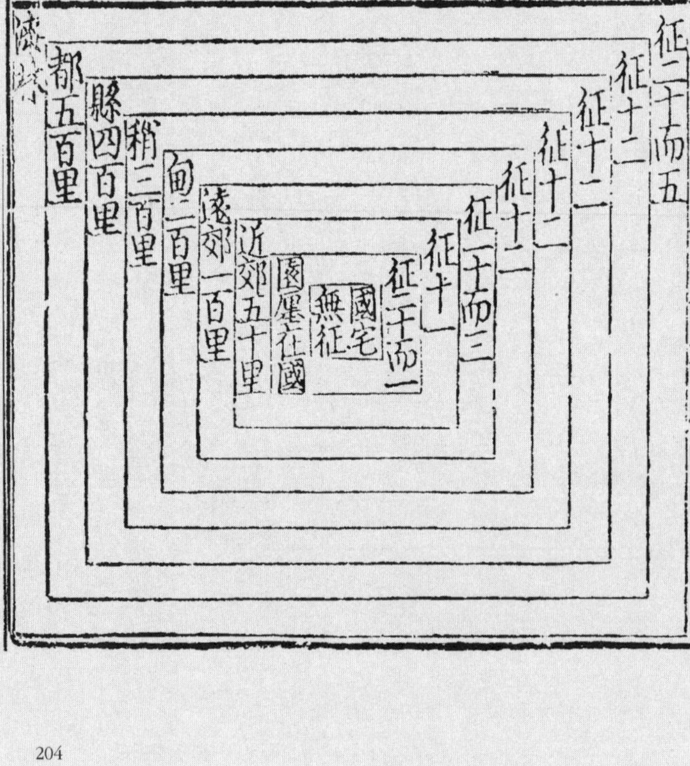

國宅無征
園廛在國
近郊五十里
遠郊一百里
甸二百里
稍三百里
縣四百里
都五百里
征二十而一
征十一
征二十而三
征十二
征十二
征十二
征十二
征二十而五

주나라 제도에서 세금을 징수하는 법

周制征稅之法

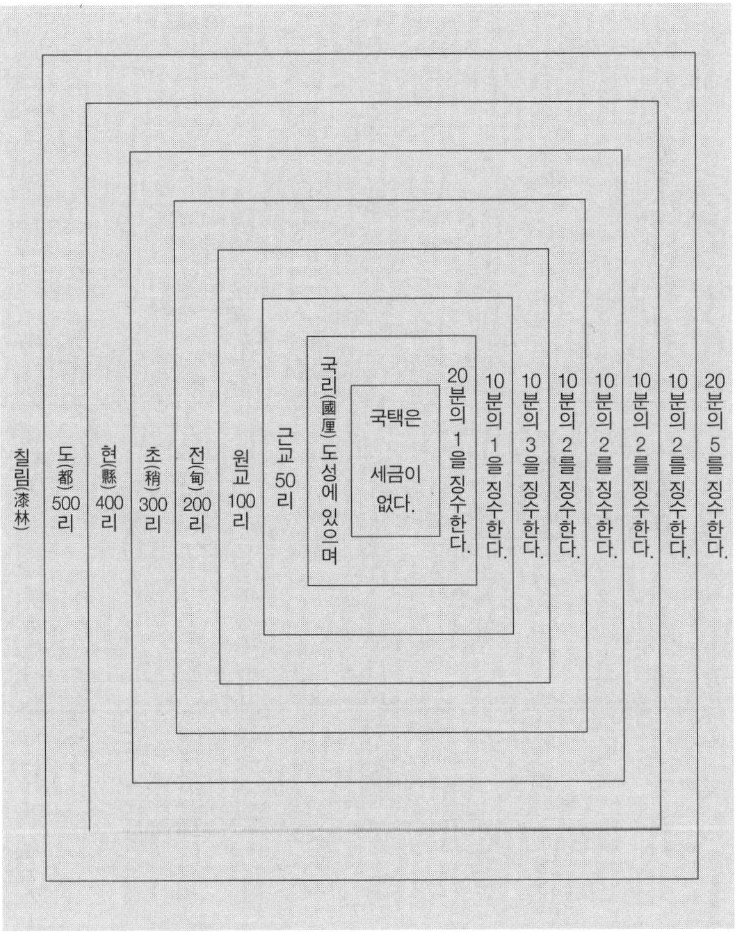

按周禮冬官下鄭注畿內采地之制九夫爲井井者方一里九夫所治之田也采地制井田異於鄉遂及公邑三夫爲屋屋具也一井之中三屋九夫三三相具以出賦稅共治溝也方十里爲成成中容一甸甸方八里出田稅緣邊一里治洫方百里爲同同中容四都六十四成方八十里出田稅緣邊十里治澮采地者在三百里四百里五百里之中載師職曰園廛二十而一近郊什一遠郊二十而三甸稍縣都皆無過十二謂田稅也皆就夫稅之輕近重遠耳滕文公問爲國孟子曰夏后氏五十而貢殷人七十而助周人百畝而徹其實皆什一也徹者徹也助者藉也龍子曰治地莫善於助莫不善於貢貢者較數歲之中以爲常文公又問井田孟子曰請野九一而助國中什一使自賦卿以下必有圭田圭田五十畝餘夫二十五畝死徙無出鄉鄉田同井出入相友守望相助疾病相扶持則百姓親睦方里而井井九百畝其中爲公田八家

按『周禮』「冬官下」鄭注 : “畿內采地之制, 九夫爲井, 井者方一里, 九夫所治之田也。采地制井田異於鄕遂及公邑。三夫爲屋。屋具也。一井之中, 三屋九夫三三相具, 以出賦稅, 共治溝也。方十里爲成, 成中容一甸, 甸方八里, 出田稅, 緣邊一里治洫。方百里爲同, 同中容四都六十四成方八十里, 出田稅, 緣邊十里治澮。采地者, 在三百里四百里五百里之中。『載師職』曰 ‘園廛二十而一, 近郊什一, 遠郊二十而三, 甸稍縣都皆無過十二’, 謂田稅也。皆就夫稅之輕近重遠耳。滕文公問爲國於孟子, 曰 : ‘夏后氏五十而貢, 殷人七十而助, 周人百畝而徹, 其實皆什一。徹者, 徹也 ; 助者, 藉也。龍子曰 : 治地莫善於助, 莫不善於貢。貢者, 校數歲之中以爲常。’ 文公又問井田。孟子曰 : ‘請野九一而助, 國中什一使自賦。卿以下必有圭田。圭田五十畝, 餘夫二十五畝, 死徙無出鄕, 鄕田同井, 出入相友, 守望相助, 疾病相扶持, 則百姓親睦。方里而井, 井九百畝, 其中爲公田, 八家皆私百畝, 同養公田。公事畢然後治私事, 所以別野人也。’ 又曰 : ‘詩云 : 雨我公田, 遂及我私。惟助爲有公田, 由此觀之, 雖周亦助也。’ 魯哀公問於有若曰 : ‘年饑, 用不足, 如之何?’ 有若對曰 : ‘盍徹乎?’ 曰 : 二, 吾猶不足, 如之何其徹也?『春秋』宣十五年秋初稅畝, 傳曰 : ‘非禮也。穀出不過藉以豐財也。’ 此數人者, 世人謂之錯而疑焉。以『載師職』及司馬法論之, 周制畿內用夏之貢法, 稅夫無公田。以『詩』、『春秋』、『論語』、『孟子』論之, 周制邦國用殷之助法, 制公田, 不稅夫。貢者

皆私百畝同養公田公事畢然後敢治私事所以别野人也又曰
詩云雨我公田遂及我私惟助爲有公田由此觀之雖周亦助也
魯哀公問有若曰年饑用不足如之何有若對曰盍徹乎曰二吾
猶不足如之何其徹也春秋宣十五年秋初稅畝傳曰非礼也穀
出不過藉以豐財也此數人者世人謂之錯而疑焉以載司戢及
司馬法論之周制畿内用夏之貢法稅夫無公田以詩春秋論語
孟子論之周制邦國用殷之助法制公田不稅夫貢者自治其所
受田貢其稅穀助者借民之力以治公田又使收斂焉畿内用貢
法者鄉遂及公邑之吏旦夕從民事爲其促之以公使不得恤其
私邦國用助法者諸侯專一國之政爲其貪暴稅民無藝周之畿
内稅有輕重諸侯謂之徹者通其率以什一爲正孟子云野九夫
而稅一國中什一是邦國亦異外内之法耳圭之言潔也周謂之
士田鄭司農說以春秋傳曰有田一成又曰列國一同

自治其所受田, 貢其稅穀 ; 助者借民之力以治公田, 又使收斂焉。畿內用貢法者, 鄕遂及公邑之吏, 旦夕從民事, 爲其促之以公, 使不得恤其私 ; 邦國用助法者, 諸侯專一國之政, 爲其貪暴稅民無藝。周之畿內, 稅有輕重, 諸侯謂之徹者, 通其率以什一爲正。孟子云 '野九夫而稅一, 國中什一', 是邦國亦異外內之法耳。圭之言潔也。周謂之士田。鄭司農說以『春秋傳』曰 '有田一成', 又曰 '列國一同。'"

살피건대『주례周禮』「동관하冬官下』의 정현鄭玄 주注에 "기내畿內(천자 직할지)의 채지采地(경대부 등이 받는 땅)에 대한 제도는, 9부夫(한 집의 가장)가 1정井인데, 1정은 사방 1리이고 9부가 경작하는 토지이다. 채지에서 정전井田을 구획하는 것은 향鄕·수遂 및 공읍公邑과 다르다. 3부가 옥屋인데, 옥은 '갖추다'라는 뜻이다. 1정 안에서 3옥인 9부가 세 명씩 세 짝으로 서로 갖추어져서는 세금을 내고 함께 구溝(도랑)를 손질한다. 사방 10리가 성成인데, 1성 안에는 1전甸이 들어 있고, 이 전은 사방 8리이며 이것을 단위로 하여 토지에 대한 세금을 낸다. 양쪽 가의 1리는 혁洫(도랑)을 손질한다. 사방 100리가 동同이고 동同에는 4도都, 64성成이 들어있으며 사방 80리인데 이것을 단위로 하여 토지의 세금을 낸다. 양변의 10리는 혁澮(도랑)을 손질한다. 채지는 300리, 400리, 500리 중에 있다.『주례周禮』「재사직載師職」에 이르기를, '원전園廛은 20분의 1을, 근교近郊는 10분의 1을, 원교는 20분의 3을 내며, 전甸·초稍·현縣·도都는 모두 10분의 2를

사서장도 은괄총요

넘지 않는다.'라고 하였는데 이것은 토지의 세금이다. 모두 세금이 가까운 곳은 가볍고 먼 곳은 무겁게 한다는 의미이다. 등滕나라 문공文公이 맹자孟子에게 나라를 경영하는 법을 물으니, 맹자가 '하후씨夏后氏(하나라)는 50무에 공법貢法을 사용하였고, 은殷나라 사람은 70무에 조법助法을 사용하였으며 주周나라 사람은 100무에 철법徹法을 사용하였는데 사실은 모두 10분의 1을 세금으로 걷는 것입니다. 철徹이란 통한다는 뜻이고, 조助란 돕는다는 뜻입니다. 용자龍子가 말하기를, "토지에 대한 세금 제도 중에 조법助法보다 좋은 것이 없고, 공법貢法보다 좋지 않은 것이 없다. 공貢이란 몇 년의 소출을 비교해서 평균을 내어 그것을 일정한 세금으로 삼는 것이다"라고 하였다. 문공文公이 또 정전井田에 대해 물었더니 맹자는 "청컨대 들에는 9분의 1을 세금으로 내게 하되 조법助法을 시행하고, 도성 안쪽은 10분의 1을 세금으로 걷되 스스로 납부하게 하십시오. 경卿 이하에게는 반드시 규전圭田을 주는데 규전은 50무이고, 여부餘夫는 25무를 줍니다. 죽거나 이사를 가더라도 그 향鄕을 떠나지 않게 하여, 마을과 토지에서 정井을 공유하는 여덟 집이 드나들 때 서로 벗이 되고, 지키고 망볼 때 서로 돕게 하며, 질병이 있을 때 서로 부지하게 하면 백성이 친목하게 됩니다. 사방 1리가 1정井이고 1정은 900무인데 그 가운데는 공전公田이며 여덟 집이 모두 사전 100무씩을 받고 함께 공전을 돌봅니다. 공전의 일이 끝난 뒤에야 사전의 일을 돌보게 하였는데, 이것은 들에 사는 사람들을 구별한 것입니다.'라고 하였다. 또 말하기를, '『시詩(시경)』에 이르기를, "우리 공전公田에 비가 내리고 드디어 우리 사전에까지 미친다."라고 하였는데, 오직 조법助法에만 공전이 있는 것이므로 이것으로 보건대 주周나라라고 하더라도 역시 조법을 쓴 것입니다.'라고 하였다. 노魯나라 애공哀公이 유약有若에게 묻기를, '올해 농사가 기근이 들어서 경비가 부족하니 어떻게 하면 좋겠습니까?'라고 하니, 유약이 대답하기를, '어찌하여 철법徹法을 쓰지 않으십니까?'라고 하였다. 반문하기를, '10분의 2를 받는 것도 저는 오히려 부족하다고 여기는데 어찌하여 철법을 쓴단 말입니까?'라고 하였다. 『춘추春秋』의 선왕宣王 15년 가을에 '처음으로 무畝에 세금을 걷었다'라고 하였는데, 그에 대해「좌전左傳」에 '예禮가 아니다. 곡식을 걷는 것은 그것으로 재물을 늘이는 데 지나지 않는다.'라고 하였다. 이 몇 사람에 대해 세상 사람들은 잘못이라면서 의심한다.「재사직載師職」및 사마법司馬法으로 논하자면 주周나라 제도는 기내畿內에 하夏나라의 공법貢法을 써서 부夫별로 세금을 걷고 공전公田이 없었던 것이 되는데,『시詩』·『춘추』·『논어』·『맹자』로 논하면, 주周나라 제도는 방국邦國(제후국들)에는 은殷의 조법助法을 써서 공전公田을 제정하고 부夫별로 세금을 걷지 않은 것이 된다. 공법貢法이란 자신이 받은 토지를 스스로 경작하고 그 세금을 곡식으로 바치는 것이고, 조법助法은 백성의 힘을 빌어서 공전을 경작하고 또 추수하게 하는 것이다. 기내畿內(천자의 직할지)에 공법을 사용한다는 것은 향鄕과 수遂 및 공읍公邑의 관리가 아침저녁으로 농사일에 종사하는 것이니 공전에 힘쓰도록 독촉하고 사전을 돌보지 못하게 할 수 있기 때문이다. 방국邦國에 조법助法을 사용하는 것은 제후는 한 나라의 정사를 전담하니 그가 탐욕스럽고 포악하여 백성에게 세금을 걷는 것이 한도가 없을 수 있기 때문이다. 주周나라의 기내畿內는 세금에 경중이 있었는데 제후의 경우 '철徹(통하다)'이라고 한 것은 세금 내는 비율을 통일하여 10분의 1을 기준으로 정한 것이다. 맹자가 '들에는 9분의 1을 걷고, 도성 안에서는 10분의 1을 걷는다'라고 하였으니, 이것은 방국邦國도 도성 밖과 안의 세법이 달랐던 것이다. 규圭라는 말은 '깨끗하다'라는 뜻이다. 주周나라에서는 사전士田이라고 불렀다. 정사농鄭司農[167]의 설은 『춘추전春秋傳』에 '토지 1성成이 있다'라고 하고 또 '열국列國은 1동同이다.'라고 한 것에 근거를 둔다."라고 하였다.

周室班爵之制

五等通於天下
天子一位
公一位
侯一位
伯一位
子男同一位

六等施於國中
君一位
卿一位
大夫一位
上士一位
中士一位
下士一位

주나라 왕실의 작위를 나누는 제도에 대하여

周室班爵之制

국내에 적용되는 여섯 등급	천하에 통용되는 다섯 등급
군 한 등급	천자 한 등급
경 한 등급	공 한 등급
대부 한 등급	후 한 등급
상사 한 등급	백 한 등급
중사 한 등급	자남 한 등급
하사 한 등급	

周室班祿之制

王畿之外凡諸侯之祿各有差內畿之內卿大夫士之祿以諸侯爲差

天子	
公侯	卿視侯
伯	大夫視伯
子男	元士視子男
附庸	中下士視附庸

주나라 왕실의 녹봉을 나누는 제도에 대하여
周室班祿之制

왕기의 밖에 있는 모든 제후의 봉록은 각각 차이가 있다. 내기(內畿) 안의 경·대부·사의 봉록은 제후의 차등을 기준으로 차등을 둔다.	
	천자
경 후(侯)와 동일	공·후
대부 백과 동일	백
원자 자·남과 동일	자·남
중·하사 부용과 동일	부용

按王制班祿與孟子所言不同王制天子之三公之田視公侯天子之卿視伯天子之大夫視子男天子之元士視附庸盖出於漢儒之傅會而孟子只言嘗聞其畧朱子以爲不可考則闕之可也王制又曰天子之縣內諸侯祿也外諸侯嗣也言內諸侯即天子畿內之卿大夫士所受之祿如諸侯之地而不世其傳者也外諸侯即在外五等諸侯所受之地各得及嗣以傳其世者也大抵君以下所食之祿皆助法之公田藉農夫之力以耕而收其租以天子之卿大夫所受觀之則是王畿之內亦制都鄙而用助法可知

按『王制』班祿與『孟子』所言不同。『王制』天子之三公之田視公侯, 天子之卿視伯, 天子之大夫視子男, 天子之元士視附庸。蓋出於漢儒之傅會, 而『孟子』只言 "嘗聞其略"。朱子以爲 "不可攷, 則闕之可也。" 『王制』又曰 : "天子之縣內諸侯祿也。外諸侯嗣也。" 言內諸侯, 即天子畿內之卿大夫士所受之祿, 如諸侯之地, 而不世其傳者也。外諸侯, 即在外五等諸侯所受之地各得及嗣以傳其世者也。大抵君以下所食之祿, 皆助法之公田, 藉農夫之力以耕, 而收其租。以天子之卿大夫所受觀之, 則是王畿之內, 亦制都鄙而用助法可知。

살피건대 『예기禮記』「왕제王制」의 작위 구분과 『맹자孟子』가 말한 것은 같지 않다. 「왕제」는 천자天子의 삼공三公에게 주는 토지는 공후公侯와 대등하고, 천자의 경卿은 백伯과 대등하며, 천자의 대부는 자남子男과 대등하고, 천자의 원사元士는 부용附庸과 대등하다고 하였는데, 대개 한漢나라 학자들의 견강부회일 뿐이고, 맹자孟子는 단지 "일찍이 그 대략을 들었다"라고 하였고, 주자朱子는 "고찰할 수가 없으니 빠뜨려 두는 것이 좋다"라고 하였다. 「왕제」에는 또 "천자天子의 나라에서 내제후內諸侯는 녹봉을 주고, 외제후外諸侯는 계승하게 한다."라고 하였는데, 내제후內諸侯는 곧 천자의 기내畿內에 있는 경·대부·사가 받는 봉록이 제후의 땅에서 나는 것과 비례하는데 세습은 하지 않는 것을 말하며, 외제후外諸侯란 지방의 다섯 등급 제후가 받는 땅을 각각 세습할 수 있다는 것을 말한다. 무릇 군주 이

四書章圖

隱括總要

하가 받게 되는 봉록은 모두 조법助法의 공전에서 농부의 힘을 빌어 경작하여 그 구실을 걷은 것이다. 천자의 경·대부가 받는 것으로 보건대, 왕기王畿의 안도 도都와 비鄙를 제정하여 조법助法을 사용하였음을 알 수 있다.

祿田三等之別

	大國 公侯 地方百里	次國 伯 地方七十里	小國 子男 地五十里
君田	十卿祿 三万二千畝 食二千八百八十人	十卿祿 二万四千畝 食二千一百六十人	十卿祿 一万六千畝 食一千四百四十人
卿田	四大夫 三千二百畝 食二百八十八人	三大夫 二千四百畝 食二百十六人	二大夫 一千六百畝 食百四十四人
大夫田	倍上士 八百畝 食七十二人	倍上士 八百畝	倍上士 八百畝
上士田	倍中士 四百畝 食三十六人	倍中士 四百畝	倍中士 四百畝
中士田	倍下士 二百畝 食十八人	倍下士 二百畝	倍下士 二百畝
下士田	如農田制 庶人在官同 一百畝 食九人	庶人在官同 一百畝	庶人在官同 一百畝

녹전 세 등급에 대한 구별

祿田三等之別

	대국과 공후는 땅이 사방 100리이고, 그 아래 나라와 백은 땅이 사방 70리이며, 소국과 자남은 땅이 50리이다.		
군전	경의 열 배 3만2천무 2880인을 먹여살린다.	경의 열 배 2만4천무 2160인을 먹여살린다.	경의 10배 만6천무 1440인을 먹여살린다.
경전	대부의 네 배 3천2백무 288인을 먹여살린다.	대부의 세 배 2천4백무 216인을 먹여살린다.	대부의 갑절 천6백무 144인을 먹여살린다.
대부전	상사의 갑절 8백무 72인을 먹여살린다.	상사의 갑절 8백무	상사의 갑절 8백무
상사전	중사의 갑절 4백무 36인을 먹여살린다.	중사의 갑절 4백무	중사의 갑절 4백무
중사전	하사의 갑절 2백무 18인을 먹여살린다.	하사의 갑절 2백무	하사의 갑절 2백무
하사전	벼슬하는 서인과 동일하다. 1백무 아홉 식구를 먹여 살리게 설계된 농전과 동일하다.	벼슬하는 서인과 동일하다. 1백무	벼슬하는 서인과 동일하다. 1백무

按周制農田百畝以上農夫視之可食九人下士及庶人在官未命爲士者庶人在官府史胥徒也以農田百畝之入祿之以代其耕其中士倍於下士則受二百畝之入可食十八人上士倍於中士則受四百畝之入可食三十六人大夫倍於上士則受八百畝之入可食七十二人凡三等之國大夫士所受皆同大國卿祿四於大夫則受三千二百畝可食二百八十八人君祿又十倍之次國卿祿三於大夫則受二千四百畝可食二百十六人君祿亦十倍之小國卿祿二於大夫則受一千六百畝可食百四十人君祿皆十倍之卿以上其祿有殺者卿與君祿寖厚不殺之則地之所出不足以供大夫以下其祿不殺者大夫士之祿寖薄苟殺之則臣之所養恐不能給故也

按周制, 農田百畝, 以上農夫視之, 可食九人, 下士及庶人在官未命爲士者(庶人在官府史胥徒也。) 以農田百畝之入, 祿之以代其耕。其中士倍於下士, 則受二百畝之入, 可食十八人 ; 上士倍於中士, 則受四百畝之入, 可食三十六人 ; 大夫倍於上士, 則受八百畝之入, 可食七十二人。凡三等之國大夫、士所受皆同。大國卿祿四於大夫, 則受三千二百畝, 可食二百八十八人, 君祿又十倍之 ; 次國卿祿三於大夫, 則受二千四百畝, 可食二百十六人, 君祿亦十倍之 ; 小國卿祿二於大夫, 則受一千六百畝, 可食百四十人, 君祿皆十倍之。卿以上其祿有殺者, 卿與君祿浸厚, 不殺之則地之所出不足以供, 大夫以下其祿不殺者, 大夫、士之祿浸薄, 苟殺之則臣之所養, 恐不能給故也。

살피건대 주周나라 제도에 농전農田은 100무이다. 상농부上農夫로 보자면 아홉 명을 먹여 살릴 수 있다. 하사下士 및 서인으로서 관청에 있지만 아직 사士가 되지는 못한 이들(서인으로서 관청에 있는 이는 부사府史나 서도胥徒같은 이들이다)은 농전 100무의 수입을 녹봉으로 주어서 경작하는 것을 대신할 수 있게 한다. 그 중사中士는 하사下士보다 갑절이니 200무의 수입을 받는 것이어서 18명을 먹여 살릴 수 있고, 상사上士는 중사의 갑절이어서 400무의 수입을 받으니 36명을 먹여 살릴 수 있으며, 대부는 상사의 갑절이어서 800무의 수입을 받으니 72명을 먹여 살릴 수 있다. 무릇 세 등급의 나라에서 대

사서장도 은괄총요

부와 사가 받는 것은 모두 동일하다. 대국의 경이 받는 녹봉은 대부의 네 배이니 3200무를 받아 288명을 먹여 살릴 수 있고, 군주의 녹봉은 또 그 열 배이다. 그 다음 나라의 경이 받는 녹봉은 대부의 세 배이니 2400무를 받아 216명을 먹여 살릴 수 있으며 군주는 마찬가지로 그 열 배이며, 작은 나라의 경이 받는 녹봉은 대부의 두 배이니 1600무를 받아 140명을 먹여 살릴 수 있으며 군주의 녹봉은 그 열 배이다. 경 이상의 경우 그 녹봉 받는 비율을 줄이는 까닭은 경과 군주의 녹봉은 점차 후해져서 비율을 줄이지 않으면 땅에서 나오는 것이 공급을 감당할 수가 없기 때문이며, 대부 이하의 경우 그 봉록을 줄이지 않는 까닭은 대부와 사의 봉록은 점차 박하여 만일 줄인다면 신하들이 봉양하는 것이 충분하지 못할 수 있기 때문이다.

○農田五等之別

一夫均受百畝用力不齊故有此五等

上農夫	食九人
上次	食八人
中	食七人
中次	食六人
下	食五人

庶人在官者其祿以是爲差

농전의 다섯 등급 구별
農田五等之別

<table>
<tr><td colspan="2">한 가장은 균등하게 백무를 받는데,
일하는 능력이 차이가 있어서 이런 다섯 등급이 있다.</td></tr>
<tr><td rowspan="5">벼슬을 하는 서인은
그 봉록이
이것을 기준으로 차등이 있다.</td><td>상농부
아홉 사람을 먹여살린다.</td></tr>
<tr><td>상차농부
여덟 사람을 먹여살린다.</td></tr>
<tr><td>중농부
일곱 사람을 먹여살린다.</td></tr>
<tr><td>중차농부
여섯 사람을 먹여살린다.</td></tr>
<tr><td>하농부
다섯 사람을 먹여살린다.</td></tr>
</table>

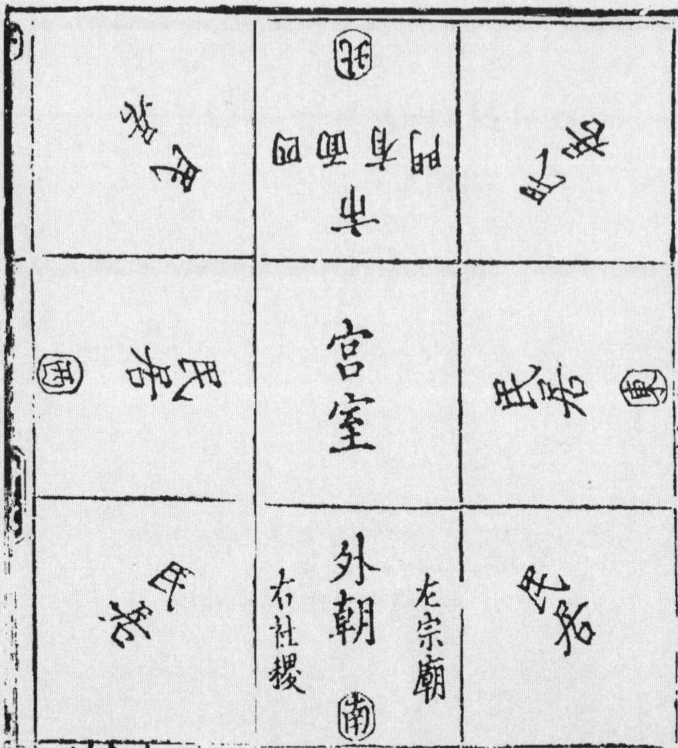

○國君都邑市廛征賦之所

孟子市廛而不征法而不廛張子曰或賦其市地之廛而不征其貨或治以市官之法而不賦其廛蓋逐末者多則廛以抑之少則不必廛也朱語録曰人君國都如井田樣畫爲九區面朝背市左祖右社中間一區則君之宮室宮室前一區爲外朝凡朝會藏庫之屬皆在焉後一區爲市四面有門每日市門開則

국군의 도읍에서 시전에 세금을 징수하는 곳에 대하여

國君都邑市廛征賦之所

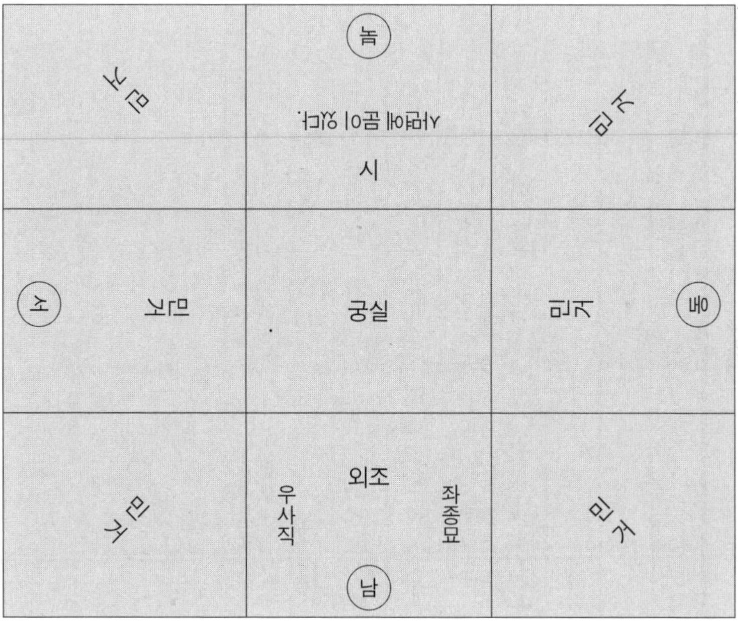

169

商賈百物皆入焉賦其廛者謂收其市地錢蓋逐末者多
則賦其廛以抑之少則但治以市官之法所以招捒之也
市官之法如周禮司市平物價治爭訟譏察異服異言之
類市中惟民乃得入凡公卿大夫有爵位者及士者皆不
得入入則有罰左右各三區皆民所居而外朝一區左則
宗廟右則社稷在焉此國君都邑規模之大槩也

『孟子』: "市廛而不征, 法而不廛。" 張子曰: "或賦其市地之廛, 而不征其貨; 或治之以市官之法, 而不賦其廛。蓋逐末者多則廛以抑之, 少則不必廛也。" 『朱語錄』曰: "人君國都如井田樣, 畫爲九區: 面朝背市, 左祖右社, 中間一區, 則君之宮室。宮室前一區爲外朝, 凡朝會藏庫之屬皆在焉。後一區爲市, 四面有門, 每日市門開, 則商賈百物皆入焉。賦其廛者, 謂收其市地錢。蓋逐末者多, 則賦其廛以抑之; 少則但治以市官之法, 所以招徠之也。市官之法, 如『周禮』司市平物價, 治爭訟, 譏察異服異言之類。市中惟民乃得入, 凡公卿大夫有爵位者及士者皆不得入, 入則有罰。左右各三區, 皆民所居。而外朝一區, 左則宗廟, 右則社稷在焉。此國君都邑規模之大概也。"

『맹자孟子』에 "시장에 대해 자릿세만 받고 세금을 걷지 않거나 법만 시행하고 자릿세를 받지 않는다."라고 하였는데, 장횡거張橫渠(이름은 載)가 말하기를, "혹은 그 시장터의 자릿세만 걷고 그 물품에 대해서는 세금을 걷지 않고, 혹은 시전 관리의 법으로 다스리기만 하고 그 자릿세도 걷지 않는 것이다. 대개 말업末業에 종사하는 자가 많으면 자릿세를 걷어서 억제하고, 적으면 자릿세를 걷을 필요가 없는 것이다."라고 하였다. 주자의 『어록語錄』에서는, "군주의 국도國都를 정전井田처럼 아홉 구획으로 그려서 조정은 앞에 두고 시장은 뒤에 두며, 종묘는 왼쪽에 두고 사직은 오른쪽에 두며, 중간의 한 구역은 군주의 궁실이다. 궁실의 앞쪽 한 구역은 외조外朝이니

四書章圖

隱栝總要

조회하는 장소나 창고 등속은 모두 여기에 둔다. 뒤의 한 구역은 시장인데 사면에 문이 있어 매일 시장에서 문이 열리면 상인들의 온갖 물건들이 모두 거기로 들어간다. 그 자릿세만 거둔다는 것은 그 시장 자리에 대한 돈을 거둔다는 뜻이다. 대개 말업에 종사하는 자가 많으면 그 자릿세를 거둬서 억제하고, 적으면 단지 시장 관리의 법으로 다스리기만 하니 상인들을 불러오기 위해서이다. 시장 관리의 법이란 예컨대 『주례周禮』「사시司市」의 '물건 값을 고르게 하고 쟁송을 다스리며 기이한 옷을 입거나 기이한 말을 하는 자들을 기찰譏察하는 것' 등속이다. 시장에는 오직 백성만이 들어갈 수 있고, 공·경·대부 등 작위를 가진 이나 사士는 모두 들어갈 수 없으며 들어가면 벌을 받는다. 좌와 우의 각 세 구역은 모두 백성이 사는 곳이다. 외조外朝가 있는 한 구역에는 왼쪽에 종묘가 있고 오른쪽에 사직이 있다. 이것은 국군의 도읍을 건설하는 규모의 대개이다."라고 하였다.[170]

鄉遂總圖

一鄉五州二十五黨百二十五族五百閭
二千五百比自比長下士以上其官三千
五十六〻鄉之官凡一万〻八千三百三十六

六遂主農

六鄉主教

國中

塾庠州序

序

一遂五縣二十五鄙百二十五酇五百里
二千五百鄰〻自里宰下士以上其官六
百五十六〻六遂之官凡三千九百三十六

鄉以鄉於內遂以遂於外內者禮
之民則以禮義為主故鄉大夫待之以
教法外者謂之甿則以功事為主故遂
大夫爲之以政令

說文閭里門也爾雅曰門側之堂
謂之塾尚書大傳曰大夫七十而致仕
老其鄉里大夫為父師士為少師歲事
已畢餘子皆入學距冬至四十五日始
出學傳農事上老平明坐於右塾庶老
坐於左塾餘子畢出然後歸夕亦如之
蓋古者合二十五家而為之門塾坐父
師少師於此所以教之學也

孟子曰庠者養也序者射也鄉飲
酒尊兩壺于房戶之間鄉射尊于賓席
之東蓋鄉飲在庠而庠有房室鄉射在
序而序無房室之記

향과 수에 대한 총괄적인 그림

鄕遂總圖

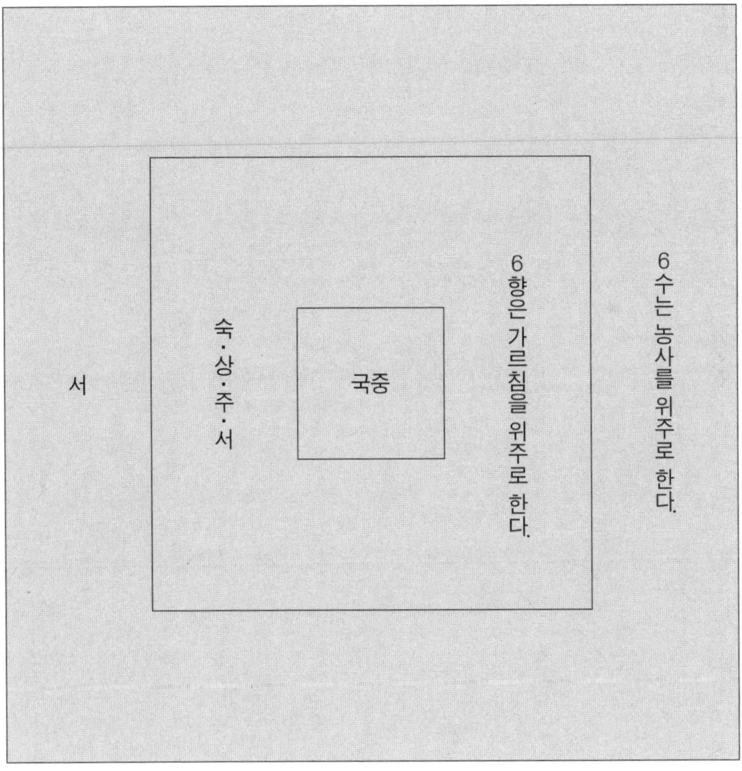

사서장구 요괄총요

一鄕, 五州, 二十五黨, 百二十五族, 五百閭, 二千五百比。自比長下士以上, 其官三千五十。六鄕之官, 凡一萬八千三百三十六。

一遂, 五縣, 二十五鄙, 百二十五酇, 五百里, 二千五百鄰。自里宰下士以上, 其官六百五十六。六遂之官, 凡三千九百三十六。[171]

1향鄕은 5주州이고, 25당黨이며, 125족族이고, 500려閭이며, 2500비比이다. 비장比長·하사下士 이상 그 관직이 3050개이며, 6향鄕의 관직은 모두 18336개이다.

1수遂는 5현縣이고, 25비鄙이며, 125찬酇이고, 500리이며, 2500린鄰이다. 이재里宰·하사 이상 그 관직이 656개이며, 6수遂의 관직은 모두 3936개이다.

【鄕遂】

鄕以嚮於內, 遂以遂於外。內者謂之民, 以禮義爲主, 故鄕大夫待之以教法。外者謂之甿, 則以功事爲主, 故遂大夫齊之以政令。

【塾】

『說文』"閭, 里門也。" 『爾雅』曰 : "門側之堂謂之塾。" 『尚書大傳』曰：“大夫七十而致仕，老其鄕里，大夫爲父師，士爲少師。”[172] 歲事已畢，餘子皆入學。距冬至四十五日，始出學傳農事，上老平明坐於右塾，庶老坐於左塾，餘子畢出，然後歸，夕亦如之。蓋古者合二十五家而爲之門塾，坐父師少師於此，所以敎之學也。

【庠序】

孟子曰：“庠者，養也；序者，射也。”鄕飮酒尊兩壺於房戶之間，鄕射尊於賓席之東。蓋鄕飮在庠，而庠有房室，鄕射在序，而序無房室也。[173]

【향鄕과 수遂】

향鄕은 안을 향한다는 의미이고, 수遂는 밖으로 이룬다는 의미이다. '안'에 있는 이는 민民(백성)이라고 하니 예의禮義를 위주[174]로 하기 때문에 향鄕의 대부는 교육과 법으로 그들을 대하는 것이며, '밖'에 있는 이는 망甿(무지한 백성)이라고 하니 공사功事(이득을 보는 것)를 위주로 하기 때문에 수遂의 대부는 정령으로 그들을 대하는 것이다.

【숙塾】

『설문해자說文解字』에 "여閭는 마을의 문이다."라고 하였고, 『이아爾雅』에서는 "문 옆의 집을 숙塾이라고 한다."라고 하였으며, 『상서대전尙書大傳』에는, "대부가 70세가 되어 벼슬을 그만두면 그 향리에서 노년을 보내게 되는데, 대부는 부사父師가 되고 사士는 소사少

師가 된다."라고 하였다. 농사일이 다 끝나면 여자餘子(적장자 이외의 자제)가 모두 학교에 들어가고, 동지冬至 이후 45일에 비로소 나온다. 학교에서 농사를 전수하는데 상로上老(가장 높은 노인)가 새벽에 우숙右塾에 앉고 서로庶老(일반 노인)가 좌숙左塾에 앉으며 여자餘子가 다 나간 뒤에 돌아가며, 저녁에도 이와 같이 한다. 대개 옛날에 25가를 합하여 문숙門塾을 만들었으며 부사父師와 소사少師를 여기 앉혔으니 가르쳐서 배우게 하기 위해서이다.

【 상庠과 서序 】

맹자孟子가 말하기를, "상庠은 기른다는 뜻이고, 서序는 활쏘기이다."라고 하였다. 향음주鄕飮酒를 행할 때 방房과 호戶 사이에 술 두 단지를 놓아두고, 향사鄕射 때에는 빈석賓席(손님의 자리)의 동쪽에 놓아둔다. 대개 향음鄕飮은 상庠에서 진행하는데 상庠에는 방房과 실室이 있으며, 향사鄕射는 서序에서 진행하는데 서序에는 방과 실이 없다.

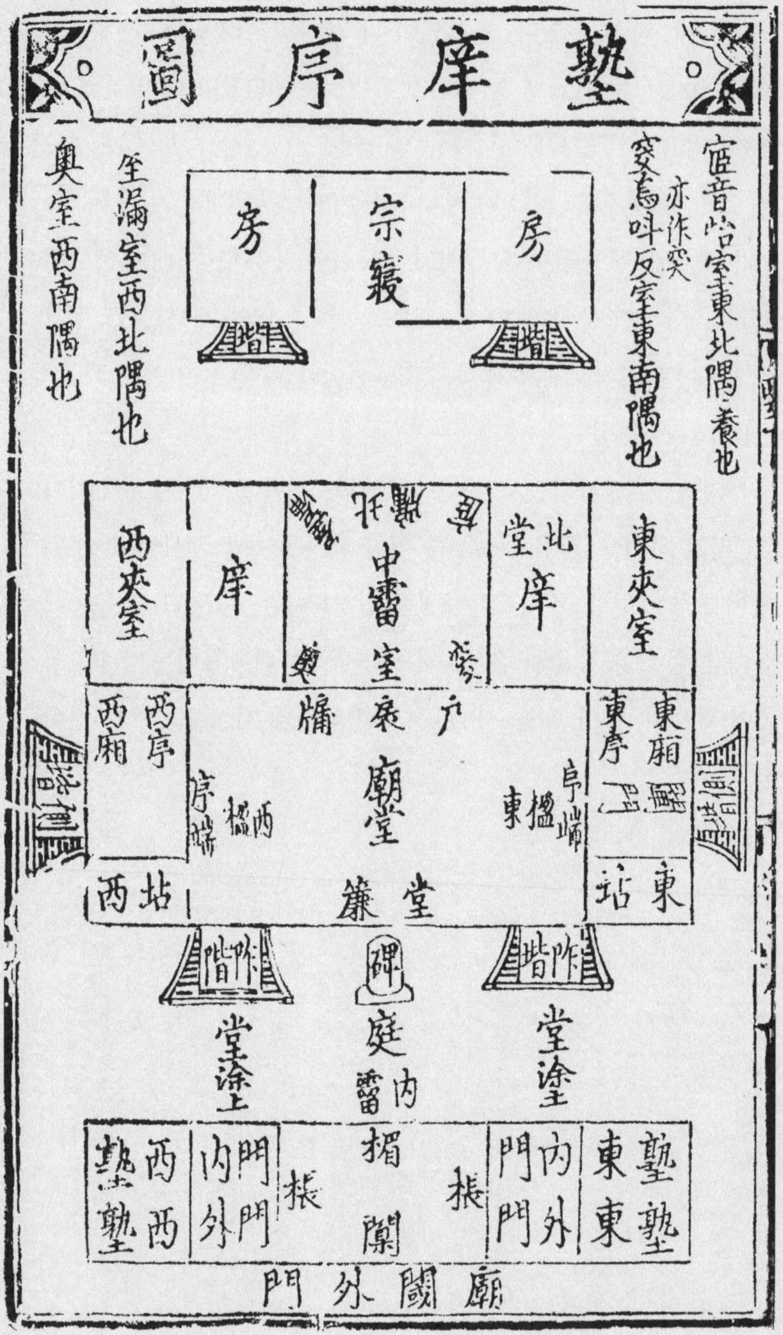
塾庠序圖
宧音怡室東北隅養也
亦作窔
窔烏叫反室東南隅也
屋漏室西北隅也
奧室西南隅也
房
宗寢
房
階
階
東夾室
北堂
庠
中霤室
庠
西夾室
東廂
東序
西序
西廂
戶
牖
廟堂
東楹
西楹
序端
序端
東站
西站
堂廉
碑
阼階
階
庭
內霤
堂塗
堂塗
東塾
東塾
內門
外門
棖
楣
闑
棖
內門
外門
西塾
西塾

숙·상·서에 대한 그림

塾庠序圖

옥루(屋漏)는 방의 서북 귀퉁이이고, 오(奧)는 방의 서남쪽 귀퉁이이다.

이(宧)는 음이 '이(怡)'이며, 방의 동북귀퉁이이다. 기른다는 뜻이다. 요(窔)는 '오(烏)'와 '규(叫)'의 반절이다.[돌(突)로도 쓴다.]

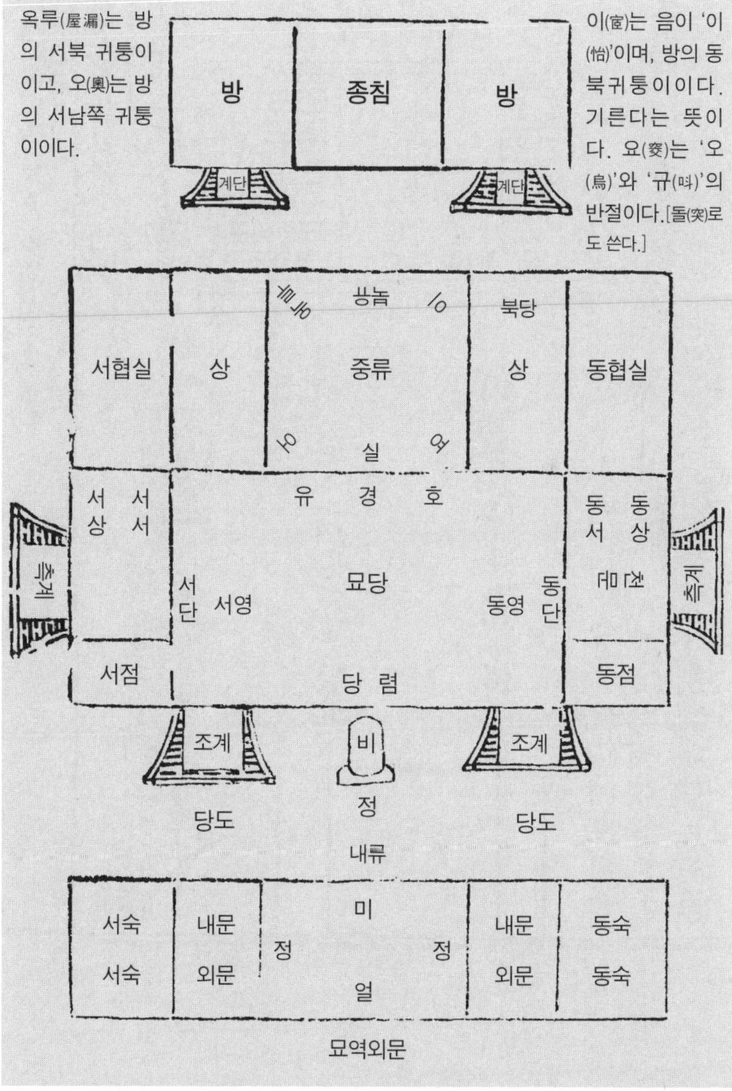

〇鄉射在序 序以習射爲義

五物〻事也以五事謀於衆求賢能者一曰和發而中節也二曰容動皆合礼也三曰主皮不失正鵠也四曰和容〻躰比於和也五曰興舞節比於樂也

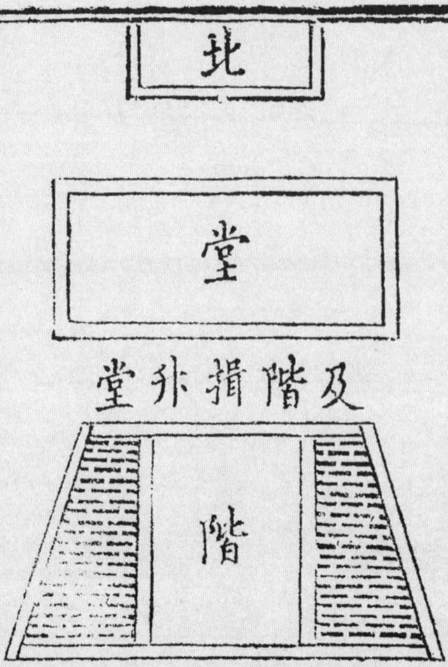

觶

觶音至受酒三升射勝者揖不勝者取觶立飲

耦進上射左右並

行當階北面揖

拾

决

决音玦鉤弦也包右拇指以鉤弦者拾音十射韝也韝左臂防斜絃者

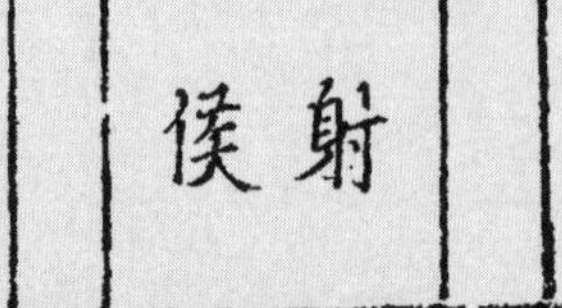

향사는 서에서 거행한다

鄕射在序

'서'는 활쏘기 연습에서 온 이름이다.(序以習射爲義)

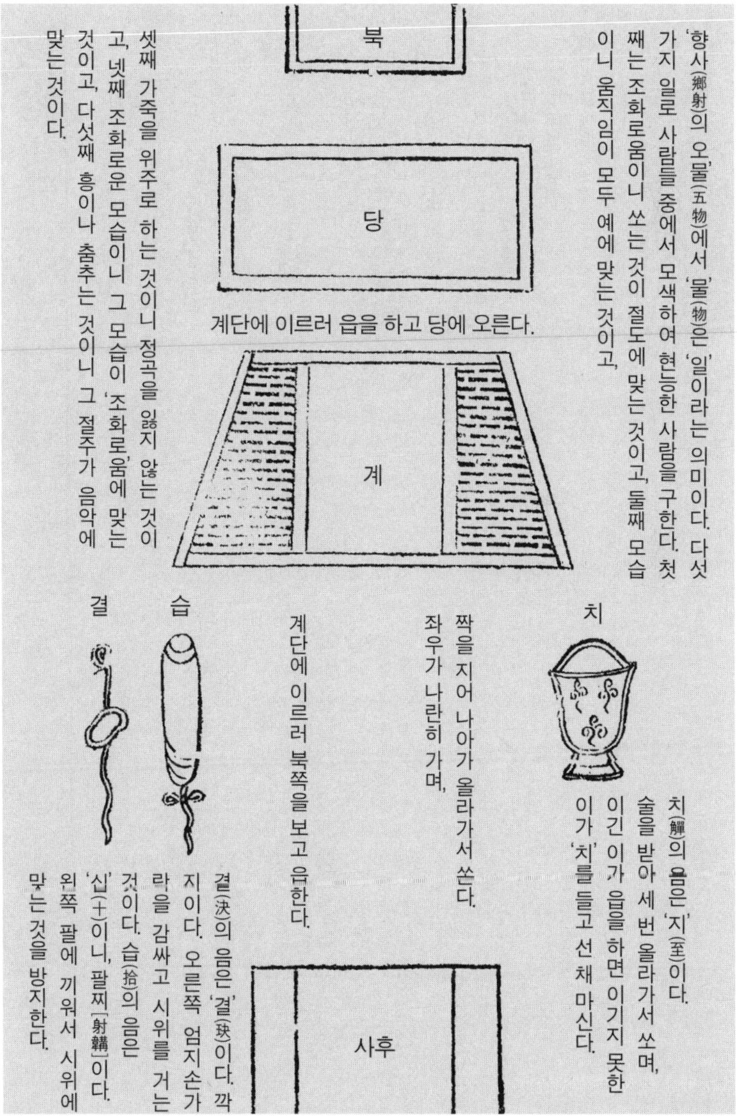

○鄉飲在庠 庠以養老爲義

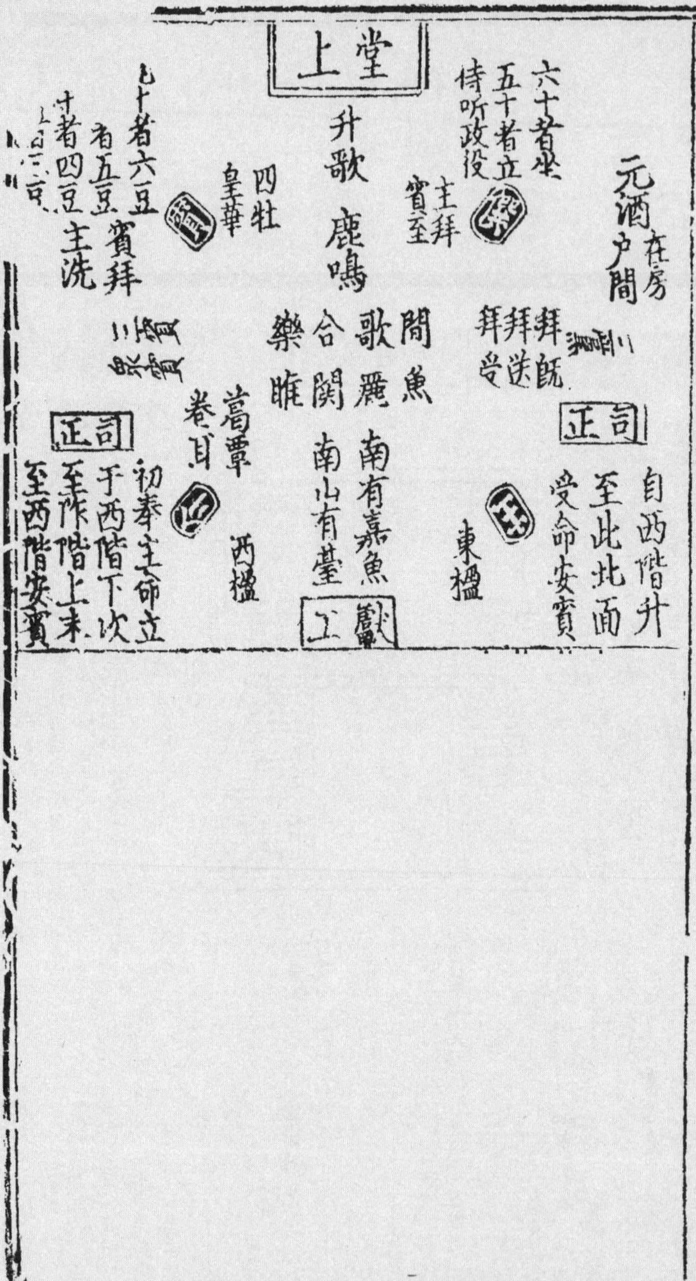

堂上
元酒 在房 户間
六十者坐
五十者立 侍听政役
主拜 賓至
升歌 鹿鳴
四牡 皇華
賓拜 主洗
拜既 拜送 拜受
間歌 魚麗
合樂 關雎
南有嘉魚
南山有臺
葛覃 卷耳
司正
自西階升 至此北面 受命安賓
東楹
西楹
司正
初奉主命立 于西階下次 至阼階上末 至西階安賓

향음주례는 상에서 진행함에 대하여

鄕飮在庠

상은 노인을 봉양한다는 의미에서 온 이름이다.(庠以養老爲義)

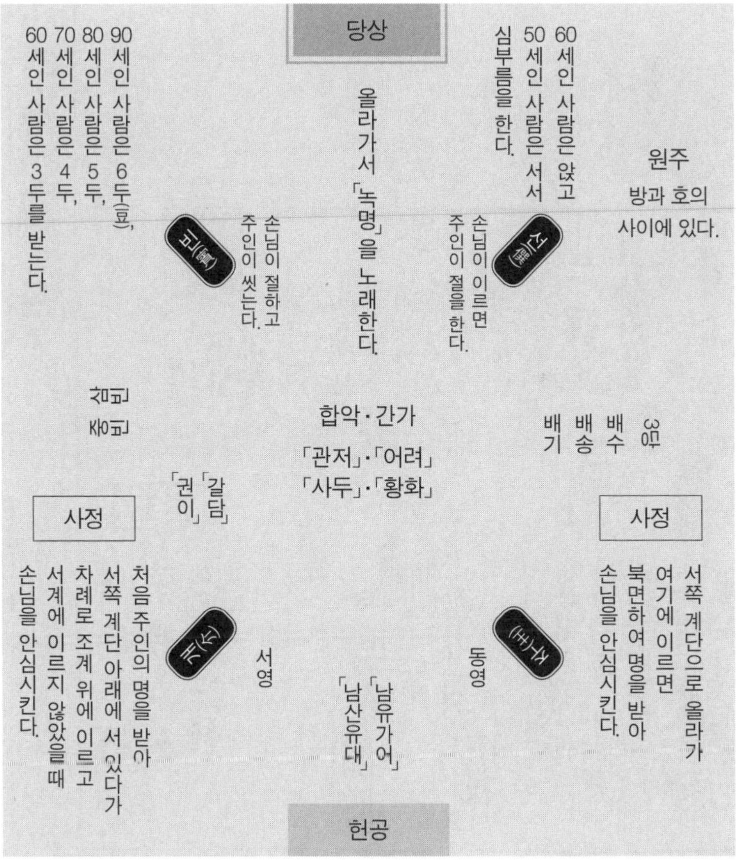

○鄕飮在庠 庠以養老爲義

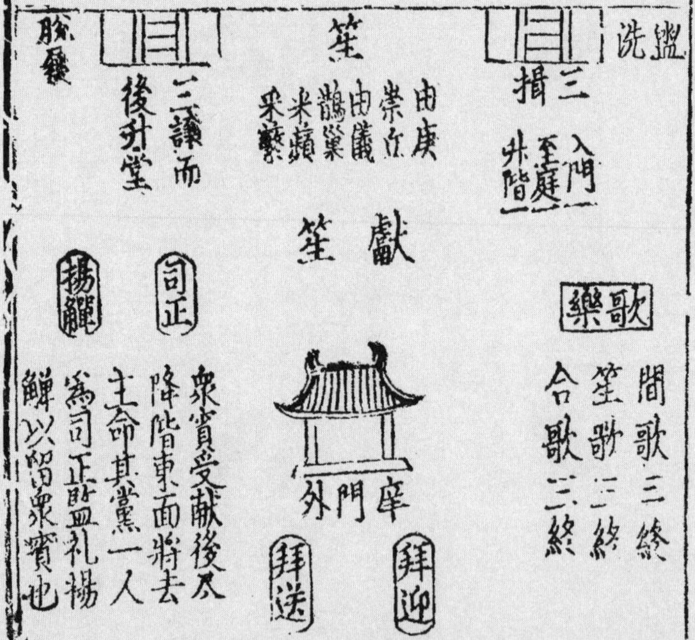
盥洗
三揖
入門一
至庭一
升階一
笙
由庚
崇丘
由儀
鵲巢
采蘋
采蘩
三讓而後升堂
獻笙
歌樂
間歌三終
笙歌三終
合歌三終
司正
揚觶
衆賓受獻後及降階東面將去主命其黨一人爲司正監礼揚觶以留衆賓也
庠門外
拜迎
拜送

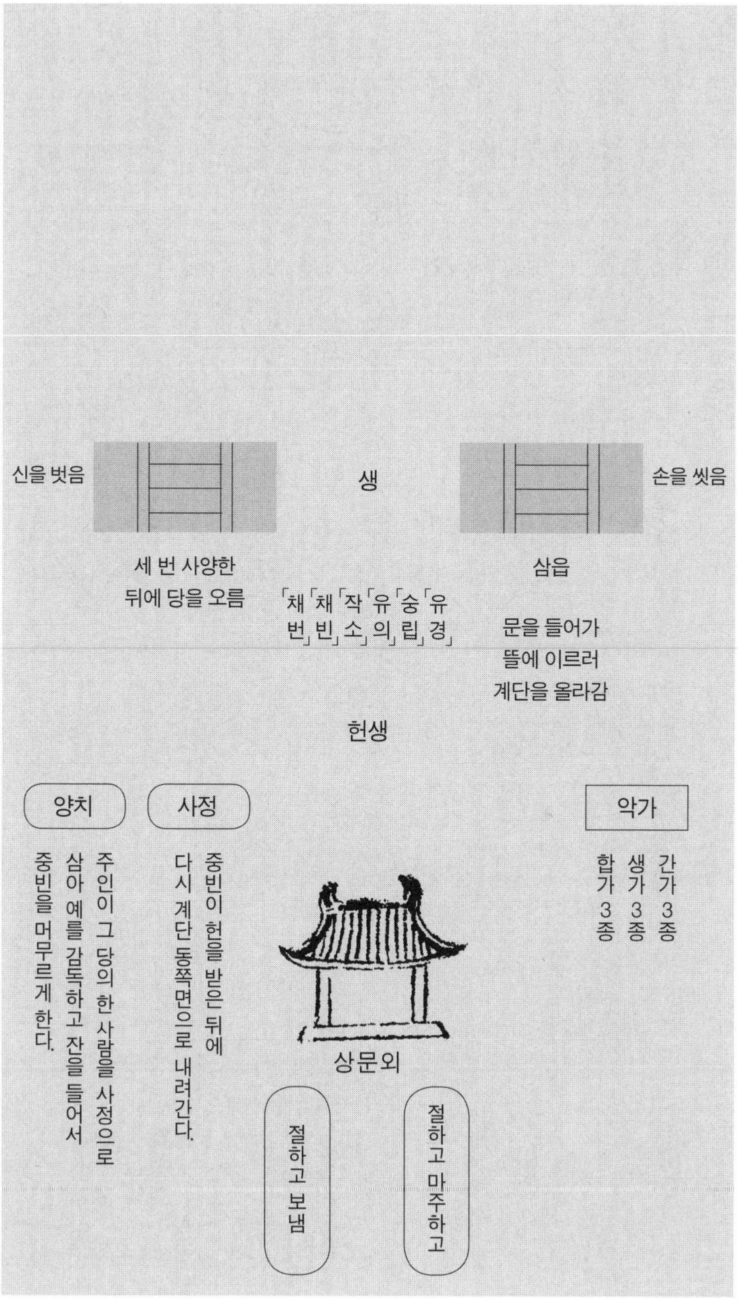
신을 벗음
생
손을 씻음
세 번 사양한 뒤에 당을 오름
삼읍
「채번」「채빈」「작소」「유의」「숭립」「유경」
문을 들어가 뜰에 이르러 계단을 올라감
헌생
양치
사정
악가
주인이 그 당의 한 사람을 사정으로 삼아 예를 감독하고 잔을 들어서 중빈을 머무르게 한다.
중빈이 헌을 받은 뒤에 다시 계단 동쪽면으로 내려간다.
간가 3종
생가 3종
합가 3종
상문외
절하고 보냄
절하고 마주하고

鄉飲酒義曰鄉飲酒之義主人拜迎賓于庠門之外入三揖
而後至階三讓而後升所以致尊讓也盥洗揚觶所以致絜
也拜至(賓至而主拜之)拜洗(主洗爵而賓拜之)拜受(賓拜而後受也)拜送(主拜而後送爵也)
拜既(飲盡而賓又拜之也)所以致敬也尊讓絜敬者君子之所以相接
也賓主象天地也介僎象陰陽也三賓象三光也讓之三象
月之三日而成魄也四面之坐象四時也六十者坐五十者
立侍以聽政役所以明尊長也六十者三豆七十者四豆八
十者五豆九十者六豆所以明養老也○鄉飲酒禮序主(以州
郡守縣以縣令位於東南)賓(擇鄉里寄居年德高及致仕者爲之位於西北)僎(州以通判縣以丞或簿位於東北)
介(以次長位於西南)三賓(以賓之次者爲之位於賓主介僎之後)又設郡僚之位東西
相鄉其餘仕與未仕者以齒序位於兩廊司正(以衆所推服者爲之)相
及贊(以士之熟於儀者爲之)先一日設罇罍爵洗各如奠謁之儀又於
庠序之廊設主賓介僎三賓之次又設席於堂下九鄉之仕

『鄕飮酒義』曰："鄕飮酒之義, 主人拜迎賓於庠門之外, 入三揖而後至階, 三讓而後升, 所以致尊讓也；盥洗揚觶, 所以致絜也；拜至〈賓至而主拜之〉, 拜洗〈主洗爵而賓拜之〉, 拜受〈賓拜而後受也〉, 拜送〈主拜而後送爵也〉, 拜既〈飮盡而賓又拜之也〉, 所以致敬也。尊讓潔敬也者, 君子之所以相接也。賓主象天地也, 介僎象陰陽也, 三賓象三光也, 讓之三也象月之三日而成魄也, 四面之坐象四時也。六十者坐, 五十者立侍, 以聽政役, 所以明尊長也。六十者三豆, 七十者四豆, 八十者五豆, 九十者六豆, 所以明養老也。"

○《鄕飮酒禮序》[主]〈州以郡守, 縣以縣令, 位於東南。〉[賓]〈擇鄕里寄居年德高及致仕者爲之, 位於西北。〉[僎]〈州以通判, 縣以丞或簿, 位於東北。〉[介]〈以次長, 位於西南。〉[三賔]〈以賔之次者爲之, 位於賓、主、介、僎之後。〉又設郡僚之位, 東西相鄕, 其餘仕與未仕者, 皆以齒序位於兩廊。司正〈以衆所推服者爲之〉、相及贊〈以士之熟於禮者爲之〉, 先一日設罇、罍、爵、洗, 各如奠謁之儀, 又於庠、序之廊, 設主、賓、介、僎、三賔之次, 又設席於堂下。九[175] 鄕之仕與未仕者, 以齒序立, 又設席於庠門之外, 自堂下各以序行立於庠門之席, 質明主人率賓以下, 先釋菜於先聖先師, 退各就次以俟速賓。

○[門外速賓] 賓、主以下各就次候鳴鼓, 相者引賓、介以下序立於庠門之外, 北面東上。相者引主人出次〈僎從〉至庠門外, 速賓, 賓、介少前, 主人立於門左, 而鄕賓、介, 進立於門右,

與未仕皆以齒序立又設席於庫門之外自堂下各以序行
立於庫門外之席質明主人率賓以下先釋菜于先聖先師
退各就次以俟速賓○門外速賓賓主以下各就次俟鳴鼓
相者引賓介以下序立于庫門之外北面東上相者引主人
出次僎從至庫門外速賓賓介少前主人立于門左而鄉賓介
進立于門右東鄉贊者立于中唱曰主人拜賓介以下荅拜
主人揖賓及介賓介以下皆揖主人先入門左僎從賓揖介亦
入門左介揖衆賓皆入門左贊者先之相次之○序賓再拜
主人與衆賓三揖儀門一揖殿廊一揖將下階一揖皆贊者唱之至堂下升
階三讓主人先升阼階僎從立楣下賓趍升西階介從三讓賓亦
升自西階並立楣下各南面司正亦升自西階立于西階之
上東鄉教授升自東廡立于東階之上西鄉郡僚分立兩廡
自教授至此合細注衆賓東西相鄉立于堂下贊者唱曰賓主以下皆

東鄕。贊者立於中，唱曰“主人拜，賓、介以下答拜”，主人揖賓及介，賓、介以下皆揖。主人先入門左〈僎從〉，賓揖，介亦入門左，介揖，衆賓皆入門左，贊者先之，相次之。

○[序賓再拜] 主人與衆賓三揖〈儀門一揖，殿廊一揖，將下階一揖〉，皆贊者唱之。至堂下升階，三讓，主人先升祚階(僎從)立楣下。賓趍升西階〈介從〉，三讓，賓亦升自西階，並立楣下各南面，司正亦升自西階，立於西階之上東鄕。教授升自東廡，立於東階之上，西鄕。郡僚分立兩廡。〈自教授至此，合細注〉衆賓東西相鄕，立於堂下，贊者唱曰“賓、主以下皆再拜。”

○[祭酒啐酒] 相者引主人詣罍洗所，盥手洗爵，詣罇所酌酒如釋奠儀〈僎從〉，復至祚階，祭酒啐酒〈嘗酒也〉奠爵訖。

○[主獻賓受] 相者少立，主人再詣罍洗所，飮觶〈飮賓觶也〉至酒罇所酌酒實觶，授執事者，至賓席前，西北向立，執事者分立。〈直觶者立主人之左，直脯醢者立于右〉次引賓自西階，趍就席，主人跪左，執觶飮賓，賓拜〈一拜〉，跪受爵飮醑，主人答拜〈一拜〉，先興，執事者右薦脯醢，賓受訖，與主人退就席立。僎亦就席，速賓。

○[門外速賓] 賓、主以下各就次上，候鳴鼓，相者引賓、介以下序立於庠門之外，北面東上。相者引主人出次〈僎從〉，至主獻儀。

○[主人酬介] 相者引主人再詣洗所，洗觶〈飮介觶也〉，酌酒如前儀，至介席前次，引介自西階趍就席，主人復退就席。

再拜○(祭酒啐酒)拜訖相者引主人詣罍洗所盥手洗爵詣
罇所酌酒如釋奠儀僎從復至阼階祭酒啐酒嘗酒也奠爵訖○
主獻賓受相者少立主人再詣罍洗所飮觶飮賓觶也至酒罇所
酌酒實觶授執事者至賓席前西北向立執事者分立直觶者立
主人之左直脯醢者立于右次引賓自西階趍就席主人跪左執觶飮賓
賓拜一拜跪受飮釂主人答拜拜先興執事者右薦脯醢賓坐
訖與主人退就席立僎亦就席速賓○(門外速賓)賓主以下
各就次候鳴鼓相者引賓介以下序立于庫門之外北面東
上相者引主人出次僎從至主獻儀○(主人酬介)相者引主人
再詣洗所洗觶飮介觶也酌酒如前儀至介席前次引介自西階
趍就席主人飮介如飮賓儀主人復退就席○(介酬衆賓)相
者就介詣洗所如賓儀介洗二觶飮二賓也至衆賓之長席前相者引
衆賓之長自西階趍就席介跪勸如賓儀衆賓之長跪受立

○ [介酬衆賓] 相者就介, 詣洗所如賓儀。〈介洗三觶, 飮三賓也〉至衆賓之長席前, 相者引衆賓之長, 自西階趨就席, 介跪勸如賓儀。衆賓之長跪受, 立飮, 復位。次引次賓一人至席前飮, 如前儀。退又引次賓一人至席前, 介飮亦如之, 並復位訖。介至堂下, 迎揖衆賓就席。〈主人先就席, 僎從, 次賓就席, 介從, 三賓、敎授、司正各就席, 次郡僚就席, 並相者引之。贊相及執事者就席, 堂上者升, 兩廡者就位。〉

○ [修爵無算] 賓、主以下坐訖, 酒三行, 每酒一行, 主人揖賓及介, 介揖, 衆賓並禮生唱之。

○ [習鄕尙德] 鄕飮之禮, 以正齒序。然士三命, 一命齒於鄕里, 言下士以年與衆相次也 ; 再命齒於父族, 言中士但以年與族人相次, 不與衆賓序齒也 ; 三命而不齒, 言上士雖父族亦不得齒也。

『예기禮記』「향음주의鄕飮酒義」에 이르기를, "향음주鄕飮酒의 도리는 주인主人이 상문庠門 밖에서 손님을 맞이하고, 들어와서 세 번 읍揖을 한 뒤에 계단에 이르며, 세 번 양보한 뒤에 오르니, 존중하고 겸양하는 뜻을 보이는 방식이다. 대야에 손을 씻고 잔을 씻어 잔을 드니 깨끗함을 보이는 방식이다. 이른 데 대해 절하고(손님이 이르러서 주인이 절을 하는 것이다), 씻은 데 대해 절을 하며[주인이 작爵(잔의 일종)을 씻으면 손님이 거기에 절을 하는 것이다.], 절하여 받고(손님이 절을 한 뒤에 받는 것이다), 절하고 보내며(주인이 절을 한 뒤에 작爵을 보내는 것

飲復位　引次賓一人至席前飲如前儀退又引次賓一人至席前介飲亦如之並復位訖介至堂下迎揖衆賓就席主人先就席僎從次賓就席介從一二賓教授司正各就席次郡寮就席並相者引之贊相及執事者就席位上者升兩廡老者就

位○(修爵無筭)賓主以下坐訖酒三行每酒一行主人揖賓及介介揖衆賓並礼生唱之○(習鄉尚德)鄉飲之礼以正齒序然士三命一命齒于鄉里言下士以年與衆相次也再命齒于父族言中士但以年與族人相次不與衆賓序齒也三命而不齒言上士雖父族亦不得齒也

이다), 다한 것에 절을 하니(다 마시면 손님이 또 절을 한다) 공경을 다하는 방식이다. '존경하고 겸양함'과 '깨끗함'과 '공경함'이란 군자가 서로 교류하는 방식이다.[176] 손님과 주인은 하늘과 땅을 상징한다. 개介와 선僎은 음과 양을 상징한다. 삼빈三賓은 삼광三光(해와 달과 별)을 상징한다. 세 번 겸양하는 것은 달이 사흘이 된 뒤에 초승달의 형체를 조금 이루는 것을 상징한다. 사면에 앉는 것은 사시四時를 상징한다.[177] 60세인 이는 앉고 50세인 이는 입시하여 심부름을 하니 어른을 존중하는 뜻을 밝히는 방식이다. 60세인 이는 3두豆(음식 담은 그릇이다)를 받고, 70세인 이는 4두를 받으며 80세인 이는 5두를 받고 90세인 이는 6두를 받으니 노인을 봉양하는 뜻을 밝히는 방식이다.[178]

○「향음주례서鄕飮酒禮序」

[주인] 〈주州에서는 군수郡守가 하고, 현縣에서는 현령이 하는데, 동남쪽에 자리한다.〉 [손님] 〈향리에 살고 있는 덕이 높고 벼슬을 그만둔 이를 골라서 하게 하며 서북쪽에 자리한다.〉 [선僎(주인의 자문)] 〈주州에서는 통판通判이 하고, 현縣에서는 현승縣丞 혹은 주부主簿로 하는데 동북쪽에 자리한다.〉 [개介(주인측에서 주인과 손님을 이어주는 사람)] 〈다음으로 어른이 이가 하며 서남쪽에 자리한다.〉 [삼빈三賓] 〈손님의 다음인 사람이 하며 손님·주인·개介·선僎의 뒤에 자리한다.〉 또 군郡 관료의 자리를 마련하되 동쪽과 서쪽에서 서로 향하게 하며, 그 나머지 벼슬한 이와 벼슬하지 않은 이는 모두 나이 순서대로 두 행랑에 자리한다. 사정司正〈사람들이 추대하고 심복하는 이가 한다〉과 상相 및 찬贊〈예에 밝은 사士가 한다〉이 하루 앞서 술두루미와 술독과 작爵과 씻는 대야를 준

비하는데 각각 전알奠謁(문묘 등에 제사지냄)할 때의 격식에 맞춰서 한다. 또 상庠과 서序의 행랑에 주인·손님·개介·선僎·삼빈三賓이 설 자리를 마련하고 또 당하堂下에 자리를 깐다. 향리의 벼슬한 이와 벼슬하지 않은 이가 나이 순서대로 서고, 또 상문庠門의 밖에 자리를 깐다. 당하堂下로부터 각각 차례대로 가서 상문庠門에 깐 자리에 선다. 날이 밝아올 무렵 주인이 손님 이하를 이끌고 먼저 선성先聖과 선사先師에게 석채釋菜의 제사를 행하고, 물러나 각자의 자리로 나아가서는 손님을 청해 오기를 기다린다.[179]

○ [문 밖에서 손님을 청함] 손님과 주인 이하가 각자 자신의 자리에 나아가, 북을 치기를 기다린다. 상자相者(예의 진행을 돕는 이)가 손님과 개介 이하를 인도하여 차례대로 상문庠門의 밖에 서서는 북면하여 동쪽으로 오른다.[180] 상자相者가 주인을 인도하여 자리에 나아가〈선僎이 따른다〉 상문庠門 밖에 이르러 손님을 청한다. 손님과 개介가 조금 앞으로 나간다. 손님이 문의 왼쪽에 서서 손님과 개介를 향하며, 나아가 문의 오른쪽으로 나아가 서서 동향한다. 찬자贊者가 가운데 서서 창唱하기를, '주인이 절하고, 손님과 개介 이하가 답하시오.'라고 하면, 손님과 개介 이하가 답배한다. 주인이 손님과 개介에게 읍揖을 하고 손님과 개介가 모두 읍을 한다. 주인이 먼저 문의 왼쪽으로 들어가고〈선僎이 따른다.〉, 손님이 읍하면 개介가 또한 문의 왼쪽으로 들어가고, 개介가 읍하면 일반 손님들이 모두 문의 왼쪽으로 들어간다. 찬자贊者가 먼저하고 상자相者가 그 다음이다.[181]

○ [서序에서 손님이 재배함] 주인과 일반 손님들이 세 번 읍하는데〈의문儀門에서 한번 읍하고 전랑殿廊에서 한번 읍하고, 계단을 내려가려

할 때 한번 읍한다.〉, 모두 찬자贊者가 창한다. 당하堂下에 이르러 계단을 오를 때 세 번 양보하며 주인이 먼저 조계祚階로 올라가〈선僎이 따른다〉, 문미 아래에 서고, 손님이 서쪽 계단으로 빨리 오르며〈개介가 따른다.〉, 삼빈三賓[182]도 서쪽 계단으로 올라 모두 문미 아래에 서는데 각각 남면한다. 사정司正도 서쪽 계단으로 올라 서쪽 계단 위에 서서 동향한다. 교수敎授는 동무東廡로 올라 동쪽 계단 위에 서서 서향한다. 군의 관료들이 양무兩廡에 나누어 선다. 〈'교수'부터 여기까지는 세주細注가 있어야 한다.〉 일반 손님들이 동서에서 서로 향하여 당하堂下에 서며 찬자贊者가 창하기를, "손님과 주인 이하는 모두 재배하시오."라고 한다.[183]

○ [제주祭酒의 술을 맛봄] 상자相者가 주인을 인도하여 씻는 대야가 있는 곳으로 가서 손을 씻고 작爵을 씻으며, 술두루미가 있는 곳으로 가고 술을 따르는 것을 석전釋奠(문묘에 지내는 제사)의 의식과 같이 한다〈선僎이 따른다〉, 다시 조계祚階에 이르러 제주祭酒의 술을 맛보고[啐酒 : '쵀啐'는 불을 맛보는 것이다] 작爵을 드리고 마친다.

○ [주인이 바치면 손님이 받는다] 상자相者가 조금 서면 주인이 다시 씻는 대야가 있는 곳으로 가서 치觶(잔)에 든 술을 마신다〈손님의 치觶에 든 술을 마신다.〉 술두리미가 있는 곳에 이르러 술을 치觶에 가득 따라서 집사자執事者(일을 진행하는 사람)에게 주며, 손님의 자리 앞에 이르러 서북쪽을 향해 서고 집사자가 나누어 선다. 〈치觶를 담당하는 자는 주인의 왼편에 서고, 포해脯醢(포와 전갈, 안주)를 담당하는 자는 주인의 오른편에 선다.〉 그 다음 손님을 인도하여 서쪽 계단을 통해 빨리 자리로 나아간다. 주인이 왼쪽에 꿇어앉아 치觶를 잡

고 손님에게 권하여 마시게 하면 손님이 절하고〈한번 절한다〉 꿇어 앉아 작爵을 받아 전부 다 마신다. 주인이 답배하고〈한번 절한다〉, 먼저 일어난다. 집사자가 오른쪽에서 포해脯醢를 드리면 빈이 받아서 먹고 주인과 함께 물러나 자리로 가서 선다. 선僎도 자리에 나아가서 손님을 청한다.[184]

○ [문밖에서 손님을 청함] 손님과 주인 이하가 각각 자리로 나아가 북이 울리기를 기다린다. 상자相者가 손님과 개介 이하를 이끌고 차례대로 상문庠門의 밖에 서서 북면하여 동쪽으로 오른다.[185] 상자相者가 주인을 인도하여 자리에서 나가〈선僎이 따른다.〉 주헌主獻의 자리에 이르게 하는 방식이다.

○ [주인이 개介에게 잔을 드림] 상자相者가 주인을 인도하여 다시 씻는 곳으로 나가서 치觶를 씻고〈개介의 치觶를 마시는 것이다〉, 술을 따르기를 앞의 방식과 같이 하고, 개介의 자리 앞에 이른다. 개介를 인도하여 서쪽 계단을 통해 빨리 자리로 나아가게 하고 주인이 다시 물러나 자신의 자리로 나아간다.

○ [개介가 일반 손님들에게 술을 따름] 상자相者가 개介에게 나아가, 씻는 곳으로 인도하기를 앞의 손님에게 한 방식과 같이 한다. 〈개介가 세 치觶를 씻어 삼빈三賓에게 권해 마시게 한다.〉 일반 손님들의 어른 자리 앞에 이르러 상자相者가 일반 손님들의 어른을 인도하여 서쪽 계단을 통해 자리로 빨리 나아가게 하고 개介가 꿇어앉아 권하기를 손님에게 하는 방식과 같이 한다. 일반 손님들의 어른이 꿇어앉아서 받고 서서 마시며 다시 자리로 돌아간다. 그 다음에 다음 손님 한 사람을 인도하여 자리 앞에 이르러 마시게 하기를 앞의 방

식과 같이 한다. 물러나 또 그 다음 손님 한 사람을 인도하여 자리 앞에 이르며 개介가 마시기를 또한 이와 같이 하고, 모두 다시 자리로 돌아간다. 개介가 당하堂下에 이르러 일반 손님들을 맞이하여 읍하고 자리로 나아간다. 〈주인이 먼저 자리로 나아가고 선僎이 따르고 그 다음에 손님이 자리에 나아가고 개介가 따르며, 그 다음에 삼빈三賓·교수教授·사정司正이 각각 자리에 나아가고, 그 다음에 군의 관료가 자리에 나아가는데, 모두 상자相者가 인도한다. 찬자贊者와 상자相者 및 집사자는 자리에 나아가고 당상堂上에 있는 사람은 올라가며 양무兩廡에 있는 사람은 위치로 나아간다.〉

○ [작爵을 권하는 것은 헤아림이 없음] 손님과 주인 이하가 앉아서 다 마시는데 술은 세 번을 돌고 매번 술이 한번 돌때마다 주인이 손님과 개介에게 읍하고, 개介가 일반 손님들에게 읍하는데, 모두 예생(禮生)이 창한다.

○ [향음주례를 익히는 것은 덕을 숭상함] 향음주의 예의는 나이의 순서를 바로 하는 것이다. 하지만 사士의 직급에는 세 등급이 있으니, '첫 등급일 경우 향리에서 나이 순으로 한다'라는 것은 하사下士일 경우 다른 사람들과 나이를 따진다는 것이며,[186] '두 번째 등급이 되면 친족과 나이를 따진다'는 것은 중사中士는 단지 친족들에 대해서만 나이를 따지고, 일반 손님들과는 나이를 따지지 않는다는 의미이며, '세 번째 등급이 되면 나이를 따지지 않는다'라는 것은 상사上士일 경우 비록 친족이라고 해도 나이를 따질 수 없다는 의미이다.

〇習鄉飲酒儀序 黃勉齋

請賓介陳器饌獻賓介獻僎旅酬燕六者礼之大節也登降辭受礼之文也鼎俎籩豆礼之器也脯醢脊脅礼之用也此觀礼者所共知也其數易知其義難知也鄉飲之教親睦也鄉閭親睦而陵犯爭訟之風息矣夫礼主於敬敬勝則乖乖則離

향음주례를 익힘과 관련한 서문
習鄕飮酒儀序

황면재(黃勉齋)

請賓介、陳器饌、獻賓介、獻僎、旅酬、燕, 六者禮之大節也；登降辭受, 禮之文也；鼎俎籩豆, 禮之器也；脯醢脊脅, 禮之用也。此觀禮者所共知也。其數易知, 其義難知也。鄕飮, 教親睦也, 鄕閭親睦, 陵犯爭訟之風息矣。夫禮主於敬, 敬勝則乖, 乖則離。聖人制禮, 必濟之以和, 和勝則瀆, 瀆則慢。聖人制禮, 必濟之以敬。始之以禮, 教敬也；終之以樂, 教和也。拜至、拜洗、拜送、拜既, 敬之至也。請安、請坐、爵樂無算, 和之至也。敬而和, 禮之大義也。此所以親睦鄕閭, 而息陵犯爭訟之風也。降既、降盥, 潔也；辭盥、辭洗, 遜也。父坐子立, 孝也；老者坐於上, 少者立於下, 弟也。飮食必祭, 不忘本也；酬賞不擧, 不盡人之忠也。序賓以賢, 貴德也；序坐以齒, 貴長也；序僎以爵, 貴貴也。工歌必獻, 不忘功也；燕及沃洗, 不忘賤也。歌『關雎』、『葛覃』、『卷耳』, 齊家之義著矣；一飮、一食、

人制礼必濟之以和和勝則瀆瀆則慢聖人制礼必濟之
以敬始之以礼教敬也終之以樂教和也拜至拜洗拜既[illegible]
之至也請[redacted]請坐爵樂無算和之至也敬而和礼之大義也
此所以親睦鄉閭而息凌犯爭訟之風也降餼降盥潔也錊
盥錊洗遜也父坐子立孝也老者坐上少者坐於下弟也飲
食必祭不忘本也酬賞不舉不盡人之忠也序賓以賢貴德
也序坐以齒貴長也序僎以爵貴貴也工歌必獻不忘功也
燕及沃洗不忘賤也歌關雎葛覃卷耳齊家之義著矣一飲
一食一拜一坐一揖一降無非教也通於義者又非特可以
親睦鄉閭而已也天理得人心正無所施而不可也聖人著
爲礼以教人凡爲鄉人者皆知此義焉此成周之際所以人
人皆有士君子之行也礼廢樂墜鄉人之群飲者未嘗靡豐
飲食侈　心恍聲妓恣嗜敖教侈也誨淫〻恣慾也無非所

一拜、一坐、一揖、一降, 無非教也。通於義者, 又非特[187]可以親睦鄕閭而已也 ; 天理得, 人心正, 無所施而不可也。聖人著爲禮以教人, 凡爲鄕人者, 皆知此義焉。此成周之際[188]所以人人皆有士君子之行也。禮廢樂墜, 鄕人之羣飮者未嘗廢, 豐飮食, 侈供帳, 悅聲妓, 恣嚾[189]嗷, 教侈也, 誨淫也, 恣慾[190]也, 無非所以敗人心者也。此後世之士大夫曾古之服勤於畎畝者之不若也。然則是禮也, 雖不行於今之世, 學士大夫之有志於古者, 其可不思所以講明而肄習之歟?

손님과 개介를 청하고, 그릇과 음식을 진설하며, 손님과 개介에게 드리고, 선僎에게 드리고, 낮은 사람이 높은 사람에게 술을 권하고, 잔치를 하는 여섯 가지는 예禮의 중대한 항목이다. 오르고 내리며 사양하고 받는 것은 예의 멋냄이다. 솥과 도마, 과일을 올리는 그릇과 국을 올리는 그릇은 예의 도구이다. 포와 젓갈, 등골뼈와 갈빗대는 예에 사용하는 음식이다. 이것은 예를 본 사람이라면 다 아는 바이다. 그 규정은 알기 쉬운데 그 의미는 알기 어렵다.

향음주鄕飮酒는 친목을 가르치기 위한 행사이다. 동네 사람들이 친목하게 되어 남을 능멸하거나 소송을 벌이는 풍속이 사라지게 된다. 무릇 예禮란 공경을 위주로 하는 것인데 공경이 지나치면 어긋나게 되고 어긋나면 이반된다. 그래서 성인聖人이 예를 제정할 때는 반드시 조화로움으로 뒷받침하였다. 그런데 조화로움이 지나치면 버릇없게 되고 버릇없어지면 태만해지게 된다. 그래서 성인

敗人心者也此後世之士大夫曾古之服勤於畎畝之人者

也然則是礼也雖不行於今之世學士大夫之存志於古者

其可不講明而肄習之歟

이 예를 제정할 때 반드시 공경으로 뒷받침하였다. 처음에 예를 정하는 것은 공경을 가르치려는 것이고, 뒤에 악을 정하는 것은 조화로움을 가르치려는 것이다. (손님이) 이른 데 대해 절하며, 씻은 데 대해 절을 하며, 절하고 잔을 보내며, 술을 다 마시면 절을 하는 것은 공경의 지극함이다. 편안히 잔치를 즐기기를 청하고, 올라가 앉기를 청하고, 잔을 돌리며 음악을 연주하기를 헤아릴 수 없는 것은 조화로움의 지극함이다.[191] 공경하면서 조화로운 것은 예의 핵심적인 의미이다. 이것이 동네 사람들끼리 화목하게 하고 능멸하거나 소송을 벌이는 풍속이 없어지게 할 수 있는 까닭이다. 내려가서 잔을 씻고,[192] 내려가서 손을 씻는 것은 깨끗함이다. 손씻는 것을 사양하고 잔 씻는 것을 사양하는 것은 겸손함이다. 아버지는 앉고 아들은 서 있는 것은 효이다. 노인은 위에 앉고 어린 사람은 아래에 서는 것은 공손함이다. 음식을 마주하여 반드시 제사를 지내는 것은 근본을 잊지 않음이다. 갚는 것을 온전히 하지 않는 것은 남이 충심을 다 받지 않는 것이다. 손님을 어진 순서대로 차례를 정하는 것은 덕을 귀하게 여기는 것이다. 나이에 따라 자리에 앉게 하는 것은 어른을 귀하게 여기는 것이다. 선僎(주인의 자문)에 대해 잔으로 높여 주는 것은 귀한 사람을 귀하게 대하는 것이다. 악공들까지 반드시 잔을 드리게 하는 것은 그 공을 잊지 않는 것이다. 씻는 걸 돕는 이들까지잔치에 함께하게 하는 것은 천한 사람을 잊지 않는 것이다. 『관저關雎』·『갈담葛覃』·『권이卷耳』[193]를 연주하니 집안을 가지런히 하는 의가 드러난다. 한번 마시고, 한번 먹고, 한번 절하고, 한번 앉고, 한번 읍하고, 한번 내려가는 것이 가르침이 되지 않는 것이

四書章圖

隱括總要

없다. 그 의미를 터득한 사람은 또 단지 동네 사람들을 친목하게 하는 데 그치지 않을 것이다. 천리天理에 맞게 되고 인심이 바르게 되어 어떤 일이든 시행하지 못할 것이 없다. 성인聖人이 이것을 예의로 제정하여 사람들을 가르쳤으니 동네 사람인 이들은 모두 이 의미를 알았다. 이것이 주周나라의 전성기 때에 사람들마다 모두 사군자士君子의 덕행이 있었던 까닭이다. 예禮가 폐기되고 악樂이 땅에 떨어져, 동네 사람들끼리 모여서 마시는 것은 없어진 적이 없지만 음식을 풍성하게 차리고 장식을 화려하게 꾸미며 요란한 음악과 기생으로 즐겁게 하고 떠들썩하게 마음대로 놀았으니 사치를 가르친 것이고 음란함을 가르친 것이며 욕심을 가르친 것이다. 그러니 사람의 마음을 무너뜨리는 길이 되지 않는 것이 없었다. 이것이 후세의 사대부들이 밭에서 힘들게 일하는 사람들보다 예에 밝지 못하게 된 까닭이다. 그렇다면 이 예는 비록 지금의 세상에 행해지지 않지만 옛날의 훌륭한 시대를 다시 열고자 하는 뜻을 가진 학문에 종사하는 사대부라면 그것을 다시 강구하여 익히는 것을 생각하지 않을 수 있겠는가![194]

미주

1 원문에는 "細"로 되어 있는데, 『진서晉書』「천문지天文志」에 의거하여 바로잡았다.

2 『晉書』「天文志」, 中宮北極五星, 鉤陳六星, 皆在紫宮中. 北極, 北辰最尊者也, 其紐星, 天之樞也. 天運無窮, 三光迭耀, 而極星不移, 故曰「居其所而衆星共之」. 第一星主月, 太子也. 第二星主日, 帝王也 ; 亦太乙之坐, 謂最赤明者也. 第三星主五星, 庶子也. 中星不明, 主不用事 ; 右星不明, 太子憂. 鉤陳, 後宮也, 大帝之正妃也, 大帝之常居也. 北四星曰女御宮, 八十一御妻之象也. 鉤陳口中一星曰天皇大帝, 其神曰耀魄寶, 主御群靈, 執萬神圖. 抱北極四星曰四輔, 所以輔佐北極而出度授政也.

3 이런 의미의 북신에 대한 설명은 아래 『주자어록朱子語錄』에 보인다.

4 『주자어류』 권23, 安卿問北辰. 曰 : "北辰是那中間無星處, 這些子不動, 是天之樞紐. 北辰無星, 緣是人要取此爲極, 不可無箇記認, 故就其傍取一小星謂之極星. 這是天之樞紐, 如那門笱子樣. 又似箇輪藏心, 藏在外面動, 這裏面心都不動."

5 추뉴는 문의 지도리와 끈의 매듭으로 사물의 관건에 해당하는 것을 가리킨다. '극極'의 문자학적 의미는 바로 이 추뉴라는 것이다.

6 이 남극과 북극은 흔히 남극성과 북극성이라고 부르는 하늘의 두 극이다.

7 『論語集註』「爲政」, 北辰, 北極, 天之樞也. 居其所, 不動也. 共, 向也, 言衆星四面旋繞而歸向之也.

8 『論語或問』, 天圓而動包乎地外, 地方而靜處乎天中. 故天之形半覆乎地上, 半繞乎地下, 而左旋不息. 其樞紐不動之處, 則在乎南北之端焉. 謂之極者, 猶屋脊之謂極也. 然南極低入地三十六度, 故周回七十二度, 常隱不見 ; 北極高出地三十六度, 故周回七十二度, 常見不隱.

9 『朱子語類』, 北辰, 卽北極也. 以其居中不動而言, 是天之樞軸. 天形如雞子旋轉, 極如一物, 橫亙居中, 兩頭稱定. 一頭在北上, 是爲北極, 居中不動, 衆星環向也. 一頭在南, 是爲南極, 在地下, 人不可見.

10 금성, 목성, 수성, 화성, 토성의 다섯 별이다.

11 『논어論語』「향당鄕黨」에 나오는 내용이다. "기색을 살펴 일어나더니 한참 날아 나무에 앉았다. (공자가) 말하기를 '산속 징검다리 위 까투리가 때에 맞구나, 때에 맞구나.'라고 하였다. 자로가 두 팔로 에워 붙잡으려고 하자 세 번 날갯짓을 하더니 날아갔다.(色斯擧矣, 翔而後集. 曰 : '山梁雌雉, 時哉時哉!' 子路共之, 三嗅而作.)"

12 『論語集註』「爲政」, 范氏曰 : "爲政以德, 則不動而化, 不言而信, 無爲而成. 所守者至簡, 而能制煩 ; 所處者至靜, 而能制動 ; 所務者至寡, 而能服衆."

13 『사기史記』「이세본기二世本紀」, 天下之事無小大皆決於上, 上至以衡石量書, 日夜有呈, 不中呈, 不得休息.

14 대열을 맞춰 춤을 출 때 그 하나의 줄을 가리킨다.

15 성成은 하나의 악장이다.

16 간척干戚은 방패와 도끼이니, 武王의 음악에 맞춰 추는 춤에 사용되던 도구이다. 羽籥은 깃털과 피리이니, 文王의 음악에 맞춰 추는 춤에 사용되던 도구이다.

17 『論語集注』「八佾」, 孔子謂季氏 : "八佾舞於庭, 是可忍也, 孰不可忍也?"이다.

18 『六經圖』卷8, 「武舞表位圖」.

19 『禮記』「樂記」의 "且夫《武》, 始而北出, 再成而滅商, 三成而南, 四成而南國是疆, 五成而分周公左、召公右, 六成復綴以崇"에 대한 정현鄭玄의 주注를 말한다. 그 내용은 다음과 같다. "成, 猶奏也. 每奏《武》曲一終爲一成. 始奏, 象觀兵盟津時也. 再奏, 象克殷時也. 三奏, 象克殷有餘力而反也. 四奏, 象南方荊蠻之國侵畔者服也. 五奏, 象周公召公分職而治也. 六奏, 象兵還振旅也. 復綴, 反位止也. 崇, 充也. 凡六奏以充《武》樂也." 상세한 내용은 그에 대한 소疏에 나온다. 『禮記注疏』卷39, 「樂記」, 正義曰 : "此一經, 孔子爲賓牟賈說武樂六成之意. 上說三者之事已訖, 更別廣說武樂, 故云. '且夫武, 始而北出' 者, 謂初舞位最在於南頭, 從第一位而北出者. 次及第二位稍北出者, 熊氏云 : '則前云 "三步以見方見一成也. 作樂一成而舞象, 武王北出觀兵也."' '再成而滅商' 者, 謂作樂再成, 舞者從第二位, 至第三位, 象武王滅商, 則與前文再始以著往爲一也. '三成而南' 者, 謂舞者從第三位, 至第四位. 極北而南反, 象武王克紂而南還也. '四成而南國是疆' 者, 謂武曲四成, 舞者從北頭第一位, 郤至第二位, 象武王伐紂之後, 南方之國, 於是疆理也. '五成而分, 周公左, 召公右' 者, 從第二位, 至第三位, 分爲左右, 象周公居左, 召公居右也. '六成復綴以崇' 者, 綴, 謂南頭初位舞者, 從第三位, 南至本位, 故言復綴以崇. 崇, 充也. 謂六奏充其

武樂, 象武王之德充滿天下. 此並熊氏之說也, 而皇氏不云次位. 舞者本在舞位之中, 但到六成而已. 今舞亦然, 義亦通也. 注正義曰：成謂曲之終成, 每一曲終成而更奏, 故云成猶奏也. 云復綴反位止也者, 謂最在南第一位, 初舞之時, 從此位入北至, 六成還反復此位, 如鄭所注熊氏得之. 云'凡六奏以充武樂也'者, 充, 謂充備, 言六奏其曲, 武樂充備, 故云六奏以充武樂, 言武樂充備是功成太平, 周德充滿於天下也.

20 『논어論語』「향당鄕黨」에 있는 대목이다. "군주가 불러 빈擯의 일을 맡기면 얼굴에 바짝 긴장하는 빛이 흘렀고 두 발은 한 걸음마다 옆으로 빙 돌 듯이 걸었으며, 양옆의 빈擯에게 읍揖을 할 때는 두 손이 왼쪽이나 오른쪽으로 향하는데 늘 옷소매의 앞뒤가 가지런하였고 뛸 때는 소매가 날개 펼쳐지듯 하였다. 손이 물러간 뒤에는 반드시 복명復命하기를, '손이 더는 되돌아보지 않고 물러났습니다.'라고 하였다.(君召使擯, 色勃如也, 足躩如也. 揖所與立, 左右手, 衣前後, 襜如也. 趨進翼如也. 賓退, 必復命曰：'賓不顧矣.')"

21 빈擯은 주인인 군주를 보좌하여 손님을 접대하는 사람이고, 개介는 손님으로 간 측이 대동한 보좌진이다.

22 신하가 임금을 뵙는 것을 '조朝'라고 하고, 나라와 나라 사이에 서로 사신을 보내는 것을 '빙聘'이라고 한다.

23 많은 제후들이 참여하는 큰 조회를 말한다.

24 『주례周禮』「대행인大行人」의 정현鄭玄의 원래 주석은 약간의 차이가 있다. "은은 중간이다. 오랫동안 만날 기회가 없으면 중간에 조회하러 올 때 따로 불러서 만나보는 것이다.(殷, 中也. 久無事, 又於殷朝者及而相聘也.)"

25 왕기王畿를 중심으로 5백 리씩 차례로 나눈 다섯 구역을 말한다.

26 은조殷朝와 같은 의미이다.

27 작위와 등급이다

28 『논어論語』「향당鄕黨」의 "설 때 '중문中門'에서 하지 않고, 다닐 때 문지방을 밟지 않는다.[立不中門, 行不履閾]"에 대한 설명이다.

29 『論語集註』「鄕黨」.

30 『禮記註疏』, 門中央有闑, 兩旁有棖. 棖闑之中, 尊者所立, 故人子不當之而立也.

31 '문의 말뚝[闑]은'부터 여기까지는 명明나라 채청蔡清의 『사서몽인四书蒙引』 권6에 수록되어 있는데, 쌍봉雙峰 요로饒魯의 말로 되어 있다. "饒氏曰：棖是大門兩旁之木, 如今尺壁相似. 闑是中間兩扉相合之處. 又有一木常設而不動, 東西兩扉

各有中, 君出入則皆由左, 出則以東扉爲左, 入則以西扉爲左. 士大夫出入君門, 則皆由右, 出以闑西爲右, 入以闑東爲右. 然雖由右亦不敢正當棖闑之中, 但挨闑旁而行. 盖避君出入處也."

32 원문에는 '矩'로 되어 있는데, 문맥을 살펴 바로잡았다.

33 『大學或問』, 絜, 度也. 矩, 所以爲方也.

34 『西山文集』, 絜矩 : 絜字, 本出賈誼 『過秦論』"度長絜大", 言我有此心, 人亦有此心, 在上之君子, 當以己之心度人之心, 如以矩而度物也. 矩, 製方之器, 俗謂曲尺是也. 荀子曰 "五寸之矩, 盡天下之方." 言矩雖止長五寸, 然天下之爲方器者, 必以此爲則. 以譬一心雖微而推之以度人之心, 雖千萬人無不同者. 我欲孝於親, 人亦欲孝於親, 我欲弟於長, 人亦欲弟於長. 故爲君子者, 必使人各得以遂其孝弟之心 ; 我欲安, 人亦欲安, 我欲壽, 人亦欲壽, 我欲富, 人亦欲富. 故君子者必使人各遂其所欲, 此皆所謂絜矩也.

35 이와 관련한 『주자어류朱子語類』의 내용은 卷18에 많이 수록되어 있는데, 그중 하나를 소개하면 다음과 같다. 問 : "或問以所占之地言之, 則隨所在如此否?" 曰 : "上下也如此, 前後也如此, 左右也如此. 古人小處亦可見 : 如 '並坐不橫肱', 恐妨礙左邊人, 又妨礙右邊人. 如此, 則左右俱不相妨, 此便是以左之心交於右, 以右之心交於左. 如 '戶開亦開, 戶闔亦闔, 有後入者, 闔而勿遂'. 前人之開, 所以待後之來, 自家亦當依他恁地開 ; 前人之闔, 恐後人有妨所議, 自家亦當依他恁地闔, 此是不以後來而變乎前之意. 如後面更有人來, 則吾不當盡闔了門, 此又是不以先入而拒乎後之意. 如此, 則前後處得都好, 便是以前之心先於後, 以後之心從於前." 問 : "凡事事物物皆要如此否?" 曰 : "是. 如我事親, 便也要使人皆得事親 ; 我敬長慈幼, 便也要使人皆得敬長慈幼. 此章上面說 : '上老老而民興孝, 上長長而民興弟, 上卹孤而民不倍.' 是民之感化如此, 可見天下人人心都一般. 君子旣知人都有此心, 所以有絜矩之道, 要人人都得盡其心. 若我之事其親, 備四海九州之美味, 卻使民之父母凍餓, 藜藿糟糠不給 ; 我之敬長慈幼, 卻使天下之人兄弟妻子離散, 便不是絜矩. 中庸一段所求乎子之事我如此, 而我之事父卻未能如此 ; 所求乎臣之事我如此, 而我之事君卻未能如此 ; 及所求乎弟, 所求乎朋友, 亦是此意. 上下、左右、前後及中央做七箇人看, 便自分曉."

36 승국勝國이란 망한 나라이다.

37 고묘는 아버지를 모신 사당이고, 왕고묘는 할아버지를, 황고묘는 증조할아버

지를, 현고묘는 고조할아버지를, 조고묘는 시조를 모신 사당이다.

38 '먼 조상'은 문왕文王과 무왕武王을 가리키며 조묘祧廟는 먼 조상을 모셔놓은 사당이다. 문왕과 무왕을 따로 모시기 때문에 조묘가 둘이라는 것이다. 별도의 사당에 모셔지지 않게 된 조상의 신위는 이 조묘로 옮겨진다.

39 조백순趙伯循(이름은 광匡이고 백순은 그의 자이다)은 당唐나라의 경학자로, 벼슬은 양주자사洋州刺史에 이르렀으며, 『춘추천미찬류의소春秋闡微纂類義疏』를 지었는데, 그 일부 내용이 당唐나라 육순陸淳의 『춘추집전찬례春秋集傳纂例』에 수록되어 있으며, 그중에는 체禘에 대한 그의 관점을 소개한 「변체의辨禘義」가 포함되어 있다. 이 체禘에 대한 그의 견해는 주자에 의해 전폭적으로 받아들여졌다.

40 유우有虞는 순舜임금이 천자였을 때의 국명이다. 전욱顓頊은 황제黃帝의 손자로서 고양씨高阳氏로 불린다. 순임금과 우禹임금 등의 조상이다. 제곡帝嚳은 황제의 증손으로 고신씨高辛氏로 불린다. 요堯임금의 아버지이며 은나라와 주나라의 선조이다.

41 모든 조상을 함께 제사지내는 것이다.

42 『禮記』「曾子問」.

43 『禮記』「王制」, 諸侯宗廟之祭, 春曰礿, 夏曰禘, 秋曰嘗, 冬曰烝. 天子犆礿, 祫禘, 祫嘗, 祫烝. 諸侯礿則不禘, 禘則不嘗, 嘗則不烝, 烝則不礿. 諸侯礿, 犆禘, 一犆一祫, 嘗祫烝祫.

44 『禮記』「祭法」에 나오는 체禘·교郊·조祖·종宗의 네 제사를 말한다. "유우씨有虞氏(순임금의 시대)는 황제黃帝를 체禘제사에 배향하고 곡嚳을 교郊제사에 배향하였으며, 전욱顓頊을 조祖제사에 배향하고 요堯를 종宗제사에 배향하였다. 하후씨夏后氏(하나라)도 황제를 체제사에 배향하고 곤鯀을 교제사에 배향하였으며 전욱을 조제사에 배향하고 우禹를 종제사에 배향하였다. 은殷나라 사람은 곡嚳을 체제사에 배향하고 명冥을 교제사에 배향하였으며 설契을 조제사에 배향하고 탕湯을 종제사에 배향하였다. 주周나라 사람은 곡嚳을 체제사에 배향하고 직稷을 교제사에 배향하였으며 문왕文王을 조제사에 배향하고 무왕武王을 종제사에 배향하였다.(有虞氏禘黃帝而郊嚳,祖顓頊而宗堯;夏后氏亦禘黃帝而郊鯀,祖顓頊而宗禹;殷人禘嚳而郊冥,祖契而宗湯;周人禘嚳而郊稷,祖文王而宗武王.)"

정현鄭玄에 따르면, 체제사는 원구圜丘에서 상제에게 지내는 큰 제사이고, 교제사는 남교南郊에서 상제에게 지내는 제사이며, 조제사와 종제사는 모두 명당明堂에서 다섯 천신天神과 다섯 조상신에게 지내는 제사인데, 이런 제사를 지낼 때 각 시대마다 자신들의 조상신을 각각의 제사에 함께 배향하였다.

45 원문에는 '此'로 되어 있는데, 『中庸或問』에 의거하여 바로잡았다.

46 한 판본에는 '五'로 되어 있다.

47 원문에는 '故'로 되어 있는데, 『中庸或問』에 의거하여 바로잡았다.

48 원문에는 '意某'로 되어 있는데 『주자어류』에 의거하여 바로잡았다.

49 『중용혹문中庸或問』에서 이 부분은 주자朱子가 소목昭穆의 '소昭'는 '밝음을 향한다'라는 의미라고 풀이한 것에 대한 질문으로 되어 있다. "昭穆之昭, 世讀爲韶, 今從本字, 何也?" 曰 : "昭之爲言明也. 以其南面而向明也. 其讀爲韶, 先儒以爲晉避諱而改之, 然禮書亦有作佋字者, 則假借而通用耳." 曰 : "其爲向明何也?"

50 『예기』「祭義」에 있는 내용이다. "나라를 건립할 때 신위神位는 사직社稷을 오른편에 두고 종묘宗廟를 왼편에 둔다.(建國之神位右社稷而左宗廟)"

51 손육孫毓은 자가 휴랑休朗이고 서진西晋 사람이다. 278년에 박사가 되었고, 여남 태수汝南太守를 지냈다.

52 소의 줄 내지 목의 줄을 가리킨다.

53 여기서 친속관계란 조상과 자손 사이의 혈연적 거리를 말한다. 각 신분마다 친속관계가 인정되는 것이 달라서, 천자는 조상과 자손 사이에 일곱 세대까지 친속관계가 인정되고 제후는 다섯 세대까지 인정된다. 주로 제사를 지내는 대상을 획정하는 기준과 관련된 것이다.

54 『朱文公文集』 卷69, 「禘祫議」에 있는 내용이다.

55 목고穆考는 목穆에 속하는 돌아가신 부친이라는 뜻이다. 소고昭考는 소昭에 속하는 돌아가신 부친이라는 뜻이다.

56 『중용찬소中庸纂疏』에 있으며, 조순손趙順孫의 견해이다. "愚按后稷至文武十有六世文王於廟次爲穆故謂其子爲昭管蔡郕霍者文王之子也武王於廟次爲昭故謂其子爲穆邗晉應韓者武王之子也."

57 '도궁都宮'이란 하나의 담장 안에 있는 다섯 묘를 전부 통칭하는 이름이다.

58 이 내용도 『朱文公文集』 卷69, 「禘祫議」에 있는 내용이다.

59 천자나 제후가 종묘에서 조상신을 전부를 대상으로 지내는 제사를 말한다.

60 이 내용도 『朱文公文集』 卷69, 「禘祫議」에 있는 내용이다.

61 『朱子語類』 권63에 있는 내용이다.

62 『朱子語類』 권90, 堯卿問高爲穆之義曰新死之主, 新祔便在昭這一排, 且如諸侯五廟, 一是太祖, 便居中, 二昭、二穆, 相對. 今新死者祔, 則高過穆這一排, 對空坐, 禰在昭一排, 亦對空坐. 以意某推之, 當是如此. 但禮經難考.

63 『朱子語類』 권83에 있는 내용이다. "『春秋傳』 毁廟之道, 改塗易簷, 言不是盡除, 只改其灰節, 易其屋簷而已."

64 이 전체는 『中庸或問』에 있는 내용이다.

65 『논어論語』「술이述而」, "공자께서 이렇게 말씀하셨다. '이해하지 못해 힘들어 하는 지경이 아니면 일러 주지 않고 말로 표현해 내지 못해 안달하는 지경이 아니면 거들어 주지 않는다. 한 귀퉁이를 들어 말해 주었는데 세 귀퉁이로 반응해 오지 않으면 더 이상 말해 주지 않는다.'(子曰 : 不憤不啓, 不悱不發, 擧一隅不以三隅反, 則不復也.)

66 이하의 내용은 『朱子語類』 권87에 수록되어 있다.

67 『禮記』「曾子問」, 當室之白, 尊於東房, 是謂陽厭.

68 손염孙炎은 정현鄭玄의 제자이며, 동주東州의 대유大儒로 불렸다. 『예기禮記』 등에 주석을 썼으며 『이아음의爾雅音義』는 영향력이 제법 크다.

69 『주문공문집朱文公文集』 卷68, 「의례석궁儀禮釋宮」에 있는 내용이다. 『중용中庸』 33장에 인용된 『시경詩經』「抑」편의 시에 나오는 "옥루屋漏에도 부끄러울 일이 없다."라는 구절 중에서 '옥루'의 위치를 설명한 부분이다.

70 『朱子語類』에는 '요窔'로 되어 있으며, 통용된다.

71 이 전체 내용은 조순손趙順孫의 『중용찬소中庸纂疏』에 있는 내용이다. "『文集』曰 : '『曾子問』 謂之當室之白', 孫炎曰 : '當室日光所漏入也.' ○『語録』曰 : '古人室, 在東南隅開門, 東北隅爲突, 西北隅爲屋漏, 西南爲奧. 人纔進, 便先見東北隅, 卻到西北隅, 然後始到西南隅, 此是至深密之地.'"

72 소昭의 반열에 모시는 조상들을 말한다. 아래 '목穆들'은 목의 반열에 모시는 조상들이다. 그림 속의 소친과 목친도 이런 의미이다.

73 『주문공문집朱文公文集』 卷42, 「여오회숙與吳晦叔」에는 이 부분에 "今『通典』、『開元禮』、『釋奠儀』 猶於堂上西壁下設先聖東向之位, 故三獻官皆西向, 彷彿古制. 今神位南向, 而獻官猶西向, 失之矣."라는 주석이 있다.

74 『중용찬소中庸纂疏』에 수록되어 있는 주석이다. 원문은 『주문공문집朱文公文集』 卷42, 「여오회숙與吳晦叔」이다.

75 『중용혹문中庸或問』에 있는 내용이다.

76 당唐나라 경학자 안사고顔師古(581-645, 이름은 류籀, 자가 사고師古)를 가리킨다. 훈고·성운声韵·교감에 뛰어났다.

77 원문에는 '慆'로 되어 있는데, 『중용혹문中庸或問』을 참고하여 바로잡았다.

78 『중용혹문中庸或問』에 있는 내용이다.

79 이 인용문은 전체적으로 『중용찬소中庸纂疏』에 있는 내용이다.

80 조감은 문왕의 증조 할아버지이다.

81 4대에 대해 제사를 지내는데 제사를 지내는 친속 관계가 다했다는 뜻이다.

82 『中庸或問』에 나오는 말이다.

83 『어류』 90:40 或問："'遠廟爲祧', 如何?" 曰："天子七廟, 如周文武之廟不祧. 文爲穆, 則凡後之屬乎穆者皆歸於文之廟；武爲昭, 則凡後之屬乎昭者皆歸乎武之廟也." 時學(64이후).

84 조순손趙順孫(1215-1277, 자는 화중和仲, 호는 격암格庵)을 가리킨다. 1250년에 과거에 급제하였으며, 남송의 이부상서吏部尚書·참지정사參知政事·동지추밀원사同知樞密院事 등을 역임하였고, 『四書纂疏』 10卷 등을 남겼다.

85 『중용찬소中庸纂疏』에는 다음과 같이 되어 있다. "愚謂："父昭子穆, 而有常數者, 禮也；祖功宗德, 而無定法者, 義也. 周於三昭三穆之外, 而有文武之廟. 觀『春秋傳』稱 '襄王致文武胙於齊侯', 『史記』稱 '顯王致文武胙於秦孝公'. 方是時, 文武固已遠矣. 襄王顯王, 猶且祀之, 則其廟不毁可知矣."

86 『中庸或問』에 있는 내용이다.

87 『朱子語類』 권90에 있는 내용이다.

88 '만약 다른'부터 여기까지는 조순손趙順孫의 견해이다. 『四書纂疏』, 愚謂若從諸儒之說, 則王者不過立親廟四與太祖爲五, 其與諸侯五廟又何別乎? 『商書』 已云 "七世之廟, 可以觀德", 則自昔有七矣.

89 정현鄭玄의 『禮記注』를 말한다. 주나라의 일곱 묘는 태조인 후직后稷과 문왕·무왕 그리고 친속 관계가 유지되는 네 조상의 묘이다. "此周制. 七者, 大祖及文王武王之祧與親廟四, 大祖后稷；殷則六廟, 契及湯與二昭二穆；夏則五廟無大祖, 禹與二昭二穆而已."

90 『朱子語類』 권90, "且如商之三宗, 若不是別立廟, 後只是親廟時, 何不胡亂將三箇來立? 如何恰限取祖甲、太戊、高宗爲之? '祖有功, 宗有德', 天下後世自有公論, 不

以揀擇爲嫌."

91 『論語』「八佾」, "王孫賈問曰 : '與其媚於奧, 寧媚於竈, 何謂也?'"

92 『論語集註』「八佾」, "凡祭五祀, 皆先設主而祭於其所, 然後迎尸而祭於奧, 略如祭宗廟之儀. 如祀竈, 則設主於竈陘, 祭畢而更設饌於奧, 以迎尸也."

93 『禮記注疏』「月令」注, "春陽氣出, 祀之於戶內, 陽也. 祀之先祭脾者, 春爲陽中於藏直脾, 脾爲尊. 凡祭五祀於廟, 用特牲, 有主有尸, 皆先設席於奧. 祀戶之禮, 南面設主於戶內之西, 乃制脾及腎爲俎, 奠於主北, 又設盛於俎, 西祭黍稷祭肉祭醴, 皆三祭肉脾一, 腎再, 旣祭徹之, 更陳鼎俎, 設饌於筵前, 迎尸略如祭宗廟之儀."

94 『禮記注疏』「月令」注, "夏陽氣盛熱於外, 祀之於竈, 從熱類也. 祀之先祭肺者, 陽位在上肺, 亦在上肺爲尊也. 竈在廟門外之東, 祀竈之禮, 先席於門之奧, 東面設主於竈陘, 乃制肺及心肝爲俎, 奠於主西, 又設盛於俎南, 亦祭黍三, 祭肺心肝, 各一祭醴三, 亦旣祭徹之, 更陳鼎俎, 設饌於筵前, 迎尸如祀戶之禮."

95 『禮記注疏』「月令」注, "中霤猶中室也. 土主中央, 而神在室. 古者, 復穴, 是以名室爲霤云. 祀之先祭心者, 五藏之次心, 次肺, 至此心爲尊也. 祀中霤之禮, 設主於牖下, 乃制心及肺肝爲俎, 其祭肉心肺肝, 各一. 他皆如祀戶之禮."

96 『禮記注疏』「月令」注, "秋陰氣出, 祀之於門, 外陰也. 祀之先祭肝者, 秋爲陰中於藏直肝, 肝爲尊也. 祀前之禮, 北面設主於門左, 樞乃制肝及肺心爲俎, 奠於主南, 又設盛於俎東. 其他皆如祭竈之禮."

97 '벽제'는 길을 연다는 뜻과 재앙 등을 물리친다는 뜻이 있다.

98 『禮記注疏』「月令」注, "冬陰盛寒於水祀之於行從辟除之類也祀之先祭腎者陰位在下腎亦在下腎爲尊也行在廟門外之西爲軷壤厚二寸廣五尺輪四尺祀行之禮北面設主於軷上乃制腎及脾爲俎奠於主南又設盛於俎東祭肉腎一脾再其他皆如祀門之禮."

99 『모시주毛詩注』에 "道祭也"라는 설명이 있다. 송宋나라 한순韓醇이 편찬한 『유하동집柳河東集』에 "軷音跋, 道祭也."라는 주석이 있다.

100 『禮記注疏』「月令」注, "壤厚二寸, 廣五尺, 輪四尺, 祀行之禮, 北面設主於軷上."

101 『說文繫傳』, 屋水流也. 從雨留聲. 臣鍇曰 : "屋簷滴處. 春秋左傳曰 : '三進及霤.' 良秀反."

102 『의례儀禮』「연례燕禮」에 있는 표현이다. "設洗篚於阼階, 東南當東霤. 罍水在東, 篚在洗西南肆, 設膳篚在其北西面."

103 『의례儀禮』「연례燕禮」에 있는 표현이다. "賓所執脯以賜鍾人於門內霤, 遂出."

104 구룡은 토지신의 이름이다. 요순堯舜 시절의 신하였던 공공共工의 아들인 '후토后土'의 별칭이라고 한다.

105 원元나라 웅충熊忠이 편찬한 『고금운회거요古今韻會擧要』에 유사한 내용이 있다. "'霤'『說文』屋流水也. 從雨留聲. 徐曰屋簷滴雨爲霤. 通作溜. '廇'『說文』: '中庭也. 從广雷聲. 徐曰屋霤其地謂之廇, 通作霤.'『儀禮』有 '東霤', 又有 '門內霤'. 中霤, 中宮神名. 古者室有複穴, 皆開其上, 以取明, 雨則霤之. 後因名室之中庭爲中霤. 以其居中故爲土神. 杜預曰 : '土正曰句龍, 在家則主中霤, 在野則爲社.'『左傳』士季入諫三進及霤."

송宋나라 모황毛晃이 증주增註하고 그 아들 모거정毛居正이 중증重增한 『증수호주예부운략增修互註禮部韻略』에도 유사한 내용이 있다. "霤, 同上. 枚乘傳泰山之霤穿石, 又屋水流, 又中霤中宮之神. 古者室有複穴, 皆開其上, 以取明, 雨則霤之, 後因名室之中庭爲中霤. 以其居中故爲土神. 杜預曰 : '土正曰句龍, 在家則主中霤, 在野則爲社.'"

106 『周禮』「地官司徒·大司徒」에 있는 내용이다.

107 『四書纂疏』, "壝者, 累土以爲高也, 不屋而壇. 社壇在東, 稷壇在西."

108 희생이나 옥백玉帛을 묻는 구덩이로 사용되었다.

109 『정화오례신의政和五禮新儀』는 송宋나라 정화政和 연간에 정거중鄭居中 등이 조칙을 받들어 『길례吉禮』 111권, 『빈례賓禮』 21권, 『군례軍禮』 8권, 『가례嘉禮』 42권으로 편찬한 것인데, 휘종徽宗이 서문을 지었다.

110 이 이하의 내용은 위에 있는 『정화오례신의政和五禮新儀』 속의 단어나 구절을 풀이한 것이다.

111 『朱文公文集』 卷68, 『答社壇說』.

112 『朱文公文集』 권68, 「答社壇說」에 있는 내용이다.

113 원문에는 '五'로 되어 있는데, '方'자로 고쳐 번역하였다.

114 이 그림에서는 한 칸이 사방 1리라는 뜻이다.

115 이 그림에서는 한 칸이 사방 100리라는 뜻이다.

116 이 그림에서는 한 칸이 사방 10리라는 뜻이다.

117 원문은 "此一十"인데, "六十"으로 고쳐 번역하였다.

118 마희맹馬希孟은 자가 언순彦醇이며, 그가 지은 『예기해禮記解』는 왕안석王安石의 학설을 따른 것으로 알려졌다.

119 제곱근이나 세제곱근을 계산하여 답을 구하는 방식이다.

120 이 내용과 거의 동일한 내용이 『六經圖』 卷8, 「王制商建國圖」에 나온다. "商有天下地方三千里三三而九千里者九也一千里爲王畿其餘八千里分爲八州各有方千里者每州大小國共建一百二十."

121 이 부분도 거의 동일한 내용이 『六經圖』 卷8, 「王制商建國圖」에 나온다. "一箇千里分爲一百箇方百里內除三十箇百里爲大國二十箇商時地狹大國不過百里其餘七十箇百里存在."

122 이 부분도 거의 동일한 내용이 『六經圖』 卷8, 「百里十里圖」에 나온다. "更將三十箇百里爲方十里建六十里之國六十箇七七四十九每一國用四十九箇十里十國四百九十箇四十國一千九百六十箇六十國二千九百四十箇猶剩方十里者六十箇七十箇百里除卻三十尚有四十存在也."

123 이 부분도 거의 동일한 내용이 『六經圖』 卷8, 「百里十里圖」에 나온다. 又將三十箇百里爲方五十里之國一百二十箇一箇百里爲五十里之國凡四箇五五二十五每國計二十五箇十里十箇百里制得四十箇三十箇百里制得一百二十箇也猶剩方百里者十箇方十里者六十箇名山大澤不以封其餘以爲附庸閒田.

124 『周禮』 「冬官·考工記」에 있는 내용이다.

125 『周禮集說』에 있는 내용이다. "陳氏曰 : 匠人營國方九里, 此王城之制也. 然井田之制, 城中之宅, 率家二畝半, 而納稼之, 後上入執宮功, 則至冬皆入保城中. 六鄉之民, 七萬五千家, 又士工商在焉, 則九里之城, 固不能容. 考工記所言, 乃王之中城歟? 春秋書城中城, 說者以爲內城, 內城之外, 又有郭. 孟子曰 '三里之城, 七里之郭', 而郭數加多於城, 則王城之郭, 又不特九里矣."

126 『六經圖』 卷4, 「經涂九軌圖」, "匠人營國方九里旁三門國中九經九緯經涂九軌天子十二門城內經緯之涂皆容方九軌軌謂轍廣也乘車六尺六旁加七寸凡八尺九軌七十二尺則此涂十二步王城面有三門有三涂男子由右女由左車由中央南北經東西緯王宮當中經. 『周禮』 「冬官·考工記下」, 國中九經九緯經涂九軌."

127 '왕시'는 도성에 있는 시장을 말한다. 왕시가 뒤에 있다는 뜻이다.

128 오른쪽에 사직이 있다는 뜻이다.

129 앞쪽에 조정이 있다는 뜻이다.

130 왼쪽에 종묘가 있다는 뜻이다. '祖'는 종묘이다.

131 원문은 '經'인데 문맥을 살펴, '緯'로 고쳤다.

132 『周禮注疏』「考工記下」에 있는 글이다.

133 『周禮注疏』 등에서는 "남북의 길이 경이고, 동서의 길이 위이다.[南北之道爲經, 東西之道爲緯]"라고 규정한다. 거의 유일하게 『欽定音韻述微』 卷18에 원문과 같이 되어 있다.

134 『禮記注疏』「明堂位」 疏, "明堂在國之陽三里之外七里之內丙巳之地, 就陽位, 上圓下方, 八窓四闥, 布政之宮, 故稱明堂."

135 『周禮』「冬官考工記下」, "周人明堂度九尺之筵, 東西九筵, 南北七筵, 堂崇一筵, 五室凡室二筵."

136 『六經圖』 卷8, 「周公明堂圖」.

137 『六經圖』 卷2, 「舜巡四嶽圖」.

138 『尙書』「舜典」, "五載一巡守, 羣後四朝."

139 宋胡士行, 『尙書詳解』 卷一.

140 『禮記注疏』「王制」 注, "虞夏之制, 諸侯歲朝 ; 周之制, 侯甸男采衛要服六者, 各以其服數來朝."

141 『孟子纂疏』「梁惠王章句下」, "述職者, 自下達上也. 王十二歲一巡守, 諸侯六年一朝."

142 『周禮』「大宗伯」에 있는 말이다. "봄에 만나는 것을 조라고 하고, 여름에 만나는 것을 종이라고 하고, 가을에 만나는 것을 근이라고 하고, 겨울에 만나는 것을 우라고 한다.(春見曰朝, 夏見曰宗, 秋見曰覲, 冬見曰遇.)" '조朝'는 아침 일찍 만난다는 뜻으로 천자의 입장에서 제후가 얼른 오기를 바라는 의미를 담았고 '종宗'은 존숭하기를 바라는 의미를 담았고, '근覲'은 성심을 다하기를 바라는 의미를 담았고, '우遇'는 약속도 없이 오기를 바라는 의미를 담았다고 한다.

143 도都와 비鄙는 경대부卿大夫 등의 채읍采邑이다. 도는 비교적 크고, 비는 비교적 작다.

144 『孟子集注』「滕文公章句上」, "夏時一夫受田五十畝, 而每夫計其五畝之入以爲貢. 商人始爲井田之制, 以六百三十畝之地, 畫爲九區, 區七十畝, 中爲公田, 其外八家各授一區. 但借其力以助耕公田, 而不復稅其私田. 周時一夫受田百畝, 鄉遂用貢法, 十夫有溝, 都鄙用助法, 八家同井, 耕則通力而作, 收則計畝而分, 故謂之徹."

145 『孟子集注』「滕文公章句上」, "庠, 以養老爲義 ; 校, 以教民爲義 ; 序, 以習射爲義, 皆鄉學也. 學, 國學也, 共之無異名也."

146 『禮記』「明堂位」, "米廩, 有虞氏之庠也 ; 序, 夏后氏之序也 ; 瞽宗, 殷學也 ; 頖宮, 周學也."

147 순舜임금의 시대를 말한다.

148 하나라를 말한다.

149 상과 서는 모두 학교의 이름이다. '상'은 경로의 의미를 담았고, '서'는 활쏘기라는 의미를 담았다. 옛날 학교에서는 경로의 활동을 익히고 수행하였으며 활쏘기를 익혔다.

150 4대代는 순舜임금의 나라인 유우씨, 하夏나라 즉 하후씨, 은나라, 주나라를 가리킨다. 이 내용은『禮記』「明堂位」에 나온다.

151 예와 관련한 문헌을 말한다.

152 한 가정이 독립적으로 경작하는 토지라는 의미이다. 일반적으로 사전私田이라고 한다.

153『육경도六經圖』에「정전법지도井田法之圖」라는 이름으로 수록되어 있다.

154『孟子集注』「梁惠王章句下」, "方一里爲一井, 其田九百畝. 中畫井字, 界爲九區. 一區之中, 爲田百畝. 中百畝爲公田, 外八百畝爲私田. 八家各受私田百畝, 而同養公田, 是九分而稅其一也."

155『六經圖』卷4,「井田之法圖」, "凡一井九夫, 四井爲邑, 四邑爲丘, 四丘爲甸, 旁加一里爲洫, 則方六十里, 折爲六十四井, 出稅. 三十六井治洫, 四甸爲縣, 四縣爲都, 四都方八十里, 旁加十里, 則方百里爲一同, 都計萬井, 九萬夫. 內取六十四箇六十四井, 計四千九十六井, 三萬六千八百六十四夫, 出稅. 又六十箇下三十六井, 計二千三百四井, 二萬七千三十六夫, 治洫. 又三十六箇萬十里, 計三千六百井, 三萬二千四百夫, 治澮. 故井田之法, 備於一同."

156 여기서 遂는 행정단위이다. 5가家가 1린鄰이고, 5린이 1리里이며, 4리가 1찬酇이고, 5찬이 1비鄙이며, 5비가 1현縣이고, 5현이 1수遂이다.

157『六經圖』卷4,「五等采地」, "遠郊之內居地四同甸地十二同稍地二十同縣地二十八同都地三十六同分甸地爲六遂餘爲公邑蓋以賜者爲采地以不賜者爲公邑."

158『孟子集注』에 있는 내용이다.

159 이 줄 하단에 "要下十六"이라는 표기가 있다. "『사서장도은괄총요四書章圖檃栝總要』하권 16판板"이라는 의미이다.

160 조법助法에 대한 설명을 그림으로 제시하였다. 농민이 각각 공전의 일정 부분을 경작하게 하는 것으로 세금을 충당하는 제도이다.

161 철법徹法에 대한 설명을 그림으로 제시하였다. 철徹은 '공동으로 한다'라는 뜻

이다. 공동으로 경작하고 공동으로 나눈다는 뜻이다.

162 원문에는 '四都'인데, 앞뒤 문맥을 살펴 '四'를 연문으로 보고 번역하지 않았다.

163 원문에는 '又旁'인데, 앞뒤 문맥을 살펴, '里'로 고쳐 번역하였다.

164 『六經圖』 卷4 「六遂圖」의 내용과 비슷하다. 그 원문은 "六遂之地, 十二同、十三萬井、百八十萬家, 除七萬五千家, 受田. 此野外六萬家受十二萬夫, 每三家六夫半, 六家十二夫爲削餘爲公邑."이다.

165 반절反切이란 한 글자의 음을 표시하기 위해 초성初聲을 취할 글자를 앞에, 중성中聲·종성終聲을 취할 글자를 뒤에 놓는 방식이다. 이 글자의 경우, '소'의 'ㅅ'과 '교'의 'ㅛ'를 따서 '쇼'라는 음이 되지만, 이 당시의 음과 지금의 음은 차이가 나서 지금은 '초'라고 읽는다.

166 『六經圖』 卷3 「載芟藉田圖」, "藉者借也. 借民力而耕之也. 天子千畝, 諸侯百畝. 孟春之月, 天子帥三公、諸侯、九卿, 親耕於藉田, 以祈社稷. 天子三推, 諸侯九推. 祈社稷者, 禮王爲民立社曰大社, 自爲立社曰王社, 在藉田中, 藉田所祈也."

167 정중鄭衆(?-83, 자는 중사仲師)을 가리킨다. 그는 동한東漢의 경학자로 장제章帝 때 대사농大司農을 지냈기 때문에 이렇게 부른다.

168 원문에는 '이二'로 되어 있는데, 문맥을 살펴 바로잡았다.

169 이 그림의 위쪽 가장자리에 "하下"라는 표시가 있는데, "『사서장도은괄총요四書章圖檃栝總要』 권하卷下"라는 의미이다.

170 『朱子語類』 卷53, "市廛而不征". 問 : "此市在何處?" 曰 : "此都邑之市. 人君國都如井田樣, 畫爲九區 : 面朝背市, 左祖右社, 中間一區, 則君之宮室. 宮室前一區爲外朝, 凡朝會藏庫之屬皆在焉. 後一區爲市, 市四面有門, 每日市門開, 則商賈百物皆入焉. 賦其廛者, 謂收其市地錢, 如今民間之舖面錢. 蓋逐末者多, 則賦其廛以抑之 ; 少則不廛, 而但治以市官之法, 所以招徠之也. 市官之法, 如周禮司市平物價, 治爭訟, 譏察異服異言之類. 市中惟民乃得入, 凡公卿大夫有爵位及士者皆不得入, 入則有罰. 如'國君過市, 則刑人赦 ; 夫人過市, 則罰一幕 ; 世子過市, 則罰一幦 ; 命夫·命婦過市, 則罰一蓋·帷'之類. 左右各三區, 皆民所居. 而外朝一區, 左則宗廟, 右則社稷在焉. 此國君都邑規模之大概也." 僩(69이후).

171 陳祥道, 『禮書』 卷24, "一鄉, 五州, 二十五黨, 百二十五族, 五百閭, 二千五百比. 自比長下士以上, 其官三千五十, 六鄉之官, 凡一萬八千三百三十六一遂. 五縣二十五鄙, 百二十五酇, 五百里二千五百鄰. 自里宰下士以上, 其官六百五十六, 六遂之官,凡三千九百三十六."

172『儀禮經傳通解』卷9, "大夫七十而致仕, 老其鄕里, 大夫爲父師, 士爲少師.『尙書大傳』, 大夫七十而致仕, 老於鄕里, 名曰父師, 士曰少師."

173『家山圖書』「禮書」"塾": "『說文』曰 : 閭, 里門也.『爾雅』曰 : 門側之堂, 謂之塾.『尙書大傳』曰 : 大夫七十而致仕, 老其鄕里, 大夫爲士師, 士爲少師. 歲事已畢, 餘子皆入學, 距冬至四十五日始出, 學傳農事. 上老平明坐於右塾, 庶老坐於左塾, 餘子畢出, 然後歸. 夕亦如之."

174 원문에는 '士'로 되어 있는데, '主'로 바로잡아 번역하였다.

175 원문에는 "凡"으로 되어 있다.

176『『禮記注疏』「鄕飮酒義」, "鄕飮酒之義, 主人拜迎賓於庠門之外, 入三揖而後至階, 三讓而後升, 所以致尊讓也 ; 盥洗揚觶, 所以致絜也 ; 拜至, 拜洗, 拜受, 拜送, 拜既, 所以致敬也. 尊讓絜敬也者, 君子之所以相接也. 君子尊讓, 則不爭 ; 絜敬, 則不慢. 不慢不爭, 則遠於鬪辯矣."

177『禮記注疏』「鄕飮酒義」, "賓主象天地也, 介僎象陰陽也, 三賓象三光也, 讓之三也象月之三日而成魄也, 四面之坐象四時也."

178『禮記注疏』「鄕飮酒義」, "六十者坐五十者立侍以聽政役所以明尊長也六十者三豆七十者四豆八十者五豆九十者六豆所以明養老也."

179『家山圖書』「鄕飮酒之圖」"鄕飮酒禮序" : "主(州以郡守, 縣以縣令, 位於東南), 賓(擇鄕里寄居年德高及致仕者爲之, 位於西北) 僎(州以通判, 縣以丞或簿, 位於東北), 介(以次長, 位於西南), 三賓(以賓之次者爲之, 位於賓、主、介、僎之後.) 又設郡僚之位, 東西相鄕, 其餘仕與未仕者, 皆以齒序位於兩廊. 司正(以衆所推服者爲之)、相及贊(以士之熟於禮者爲之), 先一日設罇罍爵洗, 各如奠謁之儀, 又於庠序之廊, 設主、賓、介、僎、三賓之次, 又設席於堂下. 凡鄕之仕與未仕者, 以齒序立, 又設席於庠門之外, 自堂下各以序行立於庠門之席, 質明主人率賓以下, 先釋菜於先聖先師, 退各就次以俟速賓."

180『明集禮』卷29「鄕飮酒禮」, "宋禮, 賓主以下各就次候鳴鼓. 相者引賓介以下, 序立於庠門之外, 北面東上."

181『明集禮』卷29「鄕飮酒禮」, "宋禮, 相者引主出(僎從), 至於庠門外, 速賓及介, 主立於門左, 西向, 賓介進立於門右, 東向. 贊者進立於中, 唱曰 '主拜, 賓介以下皆答拜. 主揖, 賓介以下皆報揖.' 主先入門右(僎從), 賓揖介亦入門左. 介揖, 衆賓皆入門左. 贊先之, 相次之."

182 원문에는 "三讓賓"으로 되어 있는데, 『明集禮』 卷29 「鄕飮酒禮」에 의거하여 '讓'을 생략하고 번역하였다.

183 『明集禮』 卷29 「鄕飮酒禮」, "宋禮, 主與賓三揖皆贊者唱之. 至堂下, 升階, 三讓. 主先升阼階(僎從), 立楣下. 賓趨升西階(介從), 三賓亦升自西階, 並立楣下. 各南向. 司正亦升西階, 立於西階之上, 東向(教授升自東廡, 立於東階, 西向. 郡僚分立兩廡). 衆賓東西相向, 立於堂下. 贊者唱曰 '賓主以下皆再拜.'"

184 『明集禮』 卷29 「鄕飮酒禮」, "宋禮, 主詣罍洗所, 洗觶 ; 至酒尊所酌酒, 實觶, 授執事者 ; 至賓席前西北向. 立執事者分立(直觶者立主人之左. 直脯醢者立主之右). 次引賓自西階趨就席. 主跪, 左執觶飮賓. 賓拜. 跪受爵, 飮. 酬. 主答拜. 執事者薦脯醢賓. 受訖, 主退就席, 立. 僎亦就席立."

185 『明集禮』 卷29 「鄕飮酒禮」, "宋禮, 賓主以下各就次候鳴鼓. 相者引賓介以下序立於庠門之外, 北面東上."

186 『禮記注疏』 「王制」, "以正齒位. 一命齒於鄕里, 再命齒於父族, 三命而不齒."

187 원문에는 "但"으로 되어 있다.

188 『勉齋集』 「趙季仁習鄕飮酒儀序」에는 "世"로 되어 있다.

189 『勉齋集』 「趙季仁習鄕飮酒儀序」에는 "驩"로 되어 있다.

190 『勉齋集』 「趙季仁習鄕飮酒儀序」에는 "欲"으로 되어 있다.

191 『性理羣書句解』에 이 내용을 수록하고 주석을 달아 놓았다. "請安(請安燕), 請坐(請升坐), 爵樂無算(修爵與擧樂無算數), 和之至也. (此爲和樂之極)"

192 원문에는 '旣'로 되어 있는데, 『勉齋集』 「趙季仁習鄕飮酒儀序」에 의거하여 '洗'로 고쳐 번역하였다.

193 『시경詩經』에서 이 세 편은 후비后妃의 덕을 노래한 내용이다. 후비가 덕이 있다는 것은 그 왕실이 화목하다는 뜻이라는 논리이다.

194 이 글은 황면재黃勉齋(1152-1221, 자는 직경直卿, 이름은 간榦)의 문집인 『勉齋集』에 「趙季仁習鄕飮酒儀序」라는 제목으로 실려 있다.

저자 소개

정복심程復心

1255년 중국 강서성江西省 무원婺源 출생.
신안학파新安學派인 주홍범朱洪範의 제자로 같은 학파인 심귀보沈貴珤의 영향을 많이 받음.
20대부터 40대까지 "사서장도四書章圖"와 "사서찬석四書纂釋"을 저술하고 1302년에 서문을 작성함.
1308년부터 그의 저술이 지방관의 추천을 받기 시작하여
1313년에는 무원의 국립학교 교수에 임용되었으나 부임하지는 않고 이 직함을 가진 채 퇴임함.
1337년에 복건성福建省 건양建陽의 덕신서당德新書堂에서 그의 저작이 『사서장도찬석四書章圖纂釋』이라는 이름으로 출판됨.
1340년에 세상을 떠남.

역자 소개

전병욱田炳郁

1969년 경남 의령 출생.

1992년 고려대학교 한문학과 입학, 1995년 고려대학교 철학과 석사학위, 2008년 고려대학교 철학과 박사학위(「朱子 仁論 체계와 工夫論의 전개」).

고려대학교 철학연구소 연구교수를 거쳐, 현재 중국 강서성 南昌大學校 江右哲學硏究中心의 연구교수로 재직 중이다.

중국과 한국의 성리학 관련 논문을 20여 편 발표하였다.

번역서로 『양명철학』(2003) 등이 있고, 공동 저술로 『역주와 해설 성학십도』(2009)가 있다.

한국고전번역원의 번역위원으로 《승정원일기》 번역에 참여하고 있다.

四書章圖

隱栝總要 下